はじめに

『愛の不時着』以降、韓国ドラマが大ブームになっている。実は少し前までは、そんなふうに言い切っていいのか自信がなかった。私が映画やドラマについて書いているライターで、周囲には新しいエンタメに真っ先に飛びつく人ばっかりだからである。「もしかしたら私のまわりだけなんじゃないか……」なんて思ってたのだ。だが今回は、確信をもって言い切ることができそうだ。だって、いままで「韓国ドラマって、なんか……」みたいに言葉を濁していた編集者が「チョン・ヘインくん（『D.P.』）にハマっちゃって！」なんて興奮気味に連絡してくるし、たまにインタビューする有名人からも「コロナ禍で『梨泰院《イテウォン》クラス』を観て以来、韓国ドラマにハマっちゃって」なんて話も聞く。偏見のない若い世代だけでなく、40代以上のおじさんも観ているのだ。

ちょっと嬉しい。いやけっこう、かなり嬉しい。

私はライターの渥美志保と申します。このお仕事を始めた最初から今日に至るまで、一応「映画ライター／コラムニスト」と名乗っておりますが、最近ではウェブ女性誌『ＥＬＬＥデジタル』にてコラム「推しのイケメン、ハマる韓ドラ」を好評連載中です‼という宣伝はさておき。

私が最初にハマった韓国カルチャーは映画、99年の東京国際映画祭で初公開されたアクション大作『シュリ』だ。韓国の諜報部員を主人公にしたスパイもので、スケール感のある物語と迫力のアクション、スピード感満点のハラハラドキドキの展開、分断の歴史に翻弄される切ない悲恋……など盛りだくさんの超娯楽作である。何の根拠もなく、あらゆる点で日本映画のほうが優れているかのように思い込んでいた私は、そのレベルの高さに「すっげー！」とぶっ飛んだ。とくに度肝を抜かれたのは、俳優たちの演技力である。主演のハン・ソッキュは当時から大俳優だったが、ヒロインには後にアメリカドラマ『ＬＯＳＴ』に出演することになるキム・ユンジン、二番手に『パラサイト　半地下の家族』のソン・ガンホ、敵役は『オールドボーイ』のチェ・ミンシクという、思えばすごいメンバーだったのだ。

「ＯＬが金土日の2泊3日で、リーズナブルに楽しめる焼き肉とエステの国」という韓国のイメージは、この作品でガラリと変わった。隣の国なのに何も知らないんだと気づいた私は、その翌年から立ち上がったばかりの釜山《プサン》国際映画祭に通いはじめた。まだ手づくり感が漂う映画祭は興奮と熱気と歓迎ムードに溢れ、毎日毎日観る韓国映画はどれもこれも面白く、食べる料理はどれも美味しく、私は韓国がどんどん好きになった。その当時は、昨年オスカーを獲得したポン・

ジュノ監督をはじめとする「386世代」(90年代当時30代で、80年代に大学時代を過ごした60年代生まれの監督)がすごい映画を次々作っていたころで、私は会う人会う人に「韓国映画が大好き! すごく面白い!」と宣伝しまくった。だが反応はきわめて薄かった。弾みまくるゴムまりを「イェーイ!」と陽気に投げたはずが、低反発マットに吸い込まれて沈んだままの鉄球のように、「ふーん(ていうか、韓国に興味ないし)」てな具合である。

そんな苦節の数年が過ぎた2003年、あの『冬ソナ』が日本にやってきたのだ。そもそもドラマが大好きで映画を観はじめた私は、まんまと『冬ソナ』にハマった。ヨン様演じる主人公ミニョンさんは当たりはソフトだが強さもあり魅力的で、マフラー2本使いの独特の「ミニョン巻き」を真似たりなんかもした。だが真の魅力は物語だと思う。山口百恵の「赤いシリーズ」かと思うような出生の秘密とか、実は兄妹……? とか、記憶喪失とか、絶妙なすれ違いとか、何しろストーリーテリングが抜群だったのだ。

私はその当時観られるドラマを片っ端から観はじめ、今度は「韓国ドラマが面白いんだよ!」と周囲に広報しはじめた。だがやっぱり、反応はめちゃめちゃ低反発である。さらに、あろうことか「韓国ドラマ好き=ヨン様ファンのオバサン」みたいな、ふわっと嘲笑するような雰囲気すらあった。何のデータ的裏づけもない「私調べ」で恐縮だが、こうした偏見はK-POP第二世代——BIG BANG、少女時代、KARAなどに若い世代がハマりはじめるまで続いたように思う。

それ以前は、韓国カルチャーのファンはひとまとめに、ほぼ「隠れキリシタン」状態で、私のまわりには「ファンだということを周囲には隠している」という友人もけっこういた。

そんな20年を過ごしてきたからこそ、『愛の不時着』に端を発した今回のブームにも、私はちょっと懐疑的だった。つまり「ヨン様ブーム」「グンちゃんブーム（チャン・グンソク、『美男《イケメン》ですね』）」がそうだったように、多くの人が主演のイケメン俳優ヒョンビンの作品を掘って終わるんだろうな、そういう人たちは韓国ドラマそのもののファンにはなってくれないんだろうな、一般には広まらないんだろうな、と考えていたのだ。

韓国ドラマの連載を持った昨年の夏ごろ、ネット記事における「ヒョンビン」「愛の不時着」という言葉は「絶対的なマジックワード」みたいなもので、ヒョンビンをタイトルに冠したある記事は、文字通り桁違いのページビューを叩き出した。まあそういうことですよね……と、嬉しいんだけど複雑な思いだった。

「ええっ⁉」と思ったのは、連載が半年を過ぎたころに書いた、ヒョンビンの「ヒョ」の字もない、そして「イケメン」ともまったく無関係な、地味だけどいい作品ばかりを揃えた記事である。これが夏に書いた「桁違いのヒョンビン記事」の4倍以上のページビューを記録したのだ。爆発的な超大ヒットである。

一過性のブームでなく本物だと、ある程度確信した私の次の（勝手な）使命は、「韓国ドラマ

＝イケメン＆恋愛」の偏見から解き放つことだ。っていうかそう決めた。もちろん私だって韓国ドラマに出てくるイケメンも美女も大好きだ。でもそれと同じくらい、コメディからシリアスまで変幻自在に演じ作品を支える大人の俳優たち、個性派の脇役たちが大好きだし、何よりもドラマそのものが大好きなのだ。私の人生が恋愛だけでは語れないのと同じで、ドラマにもそれ以外に語られるべきものは無数にある。とくに韓国ドラマの作り手は本当に自由でチャレンジングで、新しい領域にガンガンと突っ込んでゆく。日本のドラマしか観てこなかった人たちの目には、ヒョンビンは「初めて見る理想の男性」に、『愛の不時着』は新しいドラマに見えるのかもしれないが、もっと知れば、もっと好みの作品に出会えると思う。逆に、いまの日本ではあまり作られていない古典的なスタイルの作品も、まだまだ作られている（これは古いという意味ではない。スタイルは古典的だが、現代を意識した要素は常に採り入れられているからだ）。『ヴィンチェンツォ』『イカゲーム』『D.P.』『海街チャチャチャ』『賢い医師生活』『キングダム』などの面白いドラマは、そういう中でこそ生まれたのだと思う。

でも、あまりにバラエティに富み本数が多いので、正直どこから手をつけていいかよくわからない人も多いだろう。この本はそんな人に向けて、私が独断と偏見で選んだ50本の韓国ドラマをおすすめしている本だ。すべての韓国ドラマを観られているわけではないし、詳しい方にはきっと異論もあるかもしれない。『愛の不時着』も『宮廷女官チャングムの誓い』も『トッケビ～君がくれた愛しい日々』も『太陽の末裔』も入っていない。そのあたりのドメジャー作品は私以外の人におまかせして、少なくとも私が自信をもっておすすめする作品である。作品紹介にはできる限り、自分が学んだ韓国の文化や情報も入れたつもりだ。そうした背景がわかると、作品はきっともっと立体的に見えてくるし、もっと面白くなると思う。お隣の国である韓国そのものを知り、好きになってくれたらいいなという思いもある。

「隠れキリシタン」の時代を思えば、いまは本当に夢のような状況だ。多くのケーブルテレビ局ではさまざまな韓国ドラマが放送されているし、ネットフリックスでは韓国の放送とほぼ同じタイミングで観られるドラマもある。旧作であれば、U－NEXTやアマゾンプライムなどの有料ストリーミングチャンネルはもとより、GYAOやABEMA TVをこまめにチェックすれば、無料で観られる作品もいくつもある。私の20年に及ぶ草の根広報活動が功を奏したわけでもなんでもないのだが、この楽しさを共有できる人が増えたことが単純に嬉しい。

50本しか紹介していないように見えるが、本文中に（）書きした俳優名の後にある出演作品は、どれもおすすめの作品だ。一本観て、お気に入りの俳優に出会えたら、次はぜひその出演作を観てほしい。芋づる式に韓国ドラマの世界に引き込む作戦である。充実の韓国ドラマライフを楽しんでいただけたらと思う。

大人もハマる！　韓国ドラマ　推しの50本

目次

5章 人間の複雑な本質をえぐる、極上のサスペンスドラマ 125

6章 悪人のいない世界を描き続ける、韓ドラNo.1のスターPD シン・ウォンホ作品 161

7章　韓国ドラマの新しい世界が開ける、「推しの脚本家」探し　179

8章　顔がいいだけじゃない！ 推しのイケメン出演作　201

序　章

韓国ドラマはなぜブームになったのか？

コロナ禍で定着した「おうちエンタメ」と「フェミニズム」

この本を手に取る人の中には、韓国ドラマをいままで一度も観たことがない人も、きっといると思う。そういう人たちからすれば、一昨年に突如始まった『愛の不時着』の大ヒットと、そこから始まった日本の韓国ドラマブームは「なんで突然こんなことに?」とか「なんで、いまさら?」という感覚なのではないだろうか。

この20年、ずーっと韓国ドラマを観続けている私にとっても、こんな展開はすごく大きな驚きだ。『愛の不時着』がヒットしはじめたころだって、「今回はいつまで続くのかな〜」なんて思っていたのだ。でもあれから2年、ブームはぜんぜん終わっていない。それどころか、これまではまったく興味のなかった人、まさか自分が韓国ドラマにハマるはずがないと思っていた人たちが、「観てみようかな」と韓国ドラマデビューし、あそこでもここでも、どっぷりとハマっている。

ここまでになった理由は、大きくふたつあると思う。

ひとつは、コロナ禍における「ステイホーム」だ。『愛の不時着』が一部に熱狂的なファンを生み出し、韓ドラファンにありがちな「布教」を熱心にしはじめた昨年の春ごろ、日本ではコロナ禍における最初の「緊急事態宣言」が発令された。これまで経験したことのない、「外出したら死ぬかも」みたいな状況下で、日本の全国民に「ステイホーム」が求められるなか、持て余した「おうち時間」を使い、現実を忘れさせてくれるエンタテインメントを誰もが猛烈に探していた。実際、『愛の不時着』を配信するネットフリックスは２０２０年に、日本における有料会員数を３００万人から５００万人まで増やしている。もしかしたら、当初の目的ではかならずしも『愛の不時着』ではなかったかもしれないが、それが逆にファンの裾野を広げる要因にもなったのではないか。つまり、夫が『全裸監督』目当てで入ったネットフリックスで、家族全員がおのおのに韓国ドラマに触れることになったという構図である。

もうひとつは、韓国ドラマが「フェミニズム」の文脈で語られたこと。ここ数年、ようやく日本でも徐々にポピュラーに語られはじめたフェミニズムは、コロナ禍をきっかけに大きな盛り上がりを見せている。実は、最初に『愛の不時着』にハマったのはそれをリードする働く女性たちで、彼女たちはフェミニズムの文脈で、とくにヒョンビン演じる主人公リ・ジョンヒョクに魅了されたのである。たとえばジョンヒョクは、ヒロインのユン・セリ（ソン・イェジン）に対して「オレのもの」「お前のことはオレが守る」なんてことは決して言わない。めちゃくちゃ強いが、自分の強さを決して誇示せず、女性に守られることも、童貞であることもぜんぜん恥じない。北朝鮮でも韓国でも当たり前のように美味しそうな料理を作り、「愛しているなら一緒に北朝鮮に来てくれ」なんて要求もしない。そして、北朝鮮の超お坊ちゃまでピアノの天才という、冬ソナのヨン様と同じ王子様キャラも、こっそり引き継いでいる。それは、日本ではドラマですらなかなかお目にかかれない「理想の男性像」だったのだ。韓国のドラマは時代の空気や社会を非常に意識して作られている。日本以上にフェミニズムの意識が進んだここ数年の韓国において、実のところ、リ・ジョンヒョクは特別なキャラクターではないのだ。

そしてブームが『愛の不時着』からさらに広がっていったのは、旧作を含めて面白い作品が山ほどあり、配信というシステムで好きなときにいつでも観られる状況だったからである。「まさか自分が韓国ドラマにハマるわけがない」から「『賢い医師生活』が忙しい毎日の唯一の心の支え」と変化した人が、私のまわりには何人もいる。「話題だしちょっと観てみるか」と観はじめたら止まらなくなるのが韓国ドラマなのだ。

韓国ドラマと日本のドラマの構造の違い

では、なぜそんなにも韓国ドラマは面白いのか。まずは、その独特の構造をわかりやすく説明するために、日本と比較してみよう。

日本のドラマは基本的に「ながら見」を想定して作られてきたように思う。視聴者は何かをしながらテレビを見ているから、作品の内容も、作り方も、それに合わせているのだ。複雑に入り組んだ設定のドラマは把握が難しいし、展開が早すぎるとついてこられない。画面を見ていないときも多いから、セリフはおのずと説明的になる。連続ドラマ1時間の放送の中でCMは4～5回、ドラマによってはその前後に「ほら、さっきこの場面でしたよね」と思い出せるように30秒ほど同じ場面を重複させてもいる。正味45分くらいでサクッと終わるし、全編画面にかじりついていなくても、山場だけ観れば視聴者は観た気になれる。もちろん、そういう作りでも最初から最後まで夢中になってしまう作品もあるし、「菅田将暉くんを一瞬たりとも見逃したくない！」なんて人もいるだろう。視聴者が先か、作り手が先かという問題はあるものの、基本的に視聴者は、ドラマそのものに対して「かじりついて観なければ！」という気持ちになりにくい。

韓国ドラマは、いろんな部分で日本のドラマと正反対である。番組の途中で挟まる中間CMは、今年解禁になるまで地上波のドラマでは挟まれなかった。CMなしだから放送時間はドラマ枠きっかりで一話1時間――と思いきや、多くが1時間10分前後ある。うっかりすると1時間20分くらいあることもある。そうなると、ほとんど日本の2時間ドラマくらいの感覚――一話の中で2～3展開、スピード感のあるものならギッシリと3～4展開はする。逆に、ボーッと見ていたら話が見えなくなってしまうので「ながら見」は難しい。こういう意識で作られるドラマは、ストリーミングに向いているように思う。テレビは強い目的意識がないまま、時計代わりのようにスイッチを入れる人も多いが、時間に無関係にいつでも観はじめられるストリーミングは、「何かドラマが観たい」という意志のもと観ることが多いからだ。

もちろん問題はCMだけではない。日本のドラマにも夢中になって観てしまうものがあるように、韓国のドラマにも「CMあり」で高視聴率をとった作品がある。『愛の不時着』『梨泰院クラス』など並み居る強敵を追いやって、2019年の百想芸術大賞（韓国のゴールデングローブ賞）で作品賞を獲得した『ストーブリーグ』（→76ページ）がそれである。CMが入れられない地上波のドラマで、苦肉の策として通常一話分のドラマ枠を3分割してそれぞれが「一話」のように放送し、合間にCMを入れたのだ。存続の危機にあるプロ野球チームの、シーズンオフのチーム再編成を描いたドラマは、大スター不在にもかかわらず、視聴率は20％を超えた。

話が振り出しに戻っちゃった感じで恐縮だが、やっぱり大事なのは内容なのだ。これは古典的かつ情緒的な、「やっぱり時代を越えて、いいものはいいよね」というような話とは少し異なる。ドラマは大衆文化であり、人気商売であり、時代の流れ――つまり流行を徹底して追うものだ。そして韓国における流行の移り変わりはめちゃくちゃ速い。ドラマの制作者は視聴者の望むものを探して知恵を絞り、そうしてひねり出した新しい必勝パターンは当然のようにパクられるし、早々に飽きられてしまう。時代劇が人気かと思えばタイムスリップものが流行り、ファンタジーがやけに多いなと思ってるそばからオカルトものがグイグイ来る……そして、そういう流行がほとんど1～2年単位で過去となってゆく。韓国ドラマは、常に新しい世界を探して、とどまることなないスピードで進化しているのだ。

韓国ドラマの系譜

その結果として、韓国ドラマが扱うジャンルは驚くほど幅広い。恋愛やホームドラマは大定番だが、アクションにサスペンス、社会派にお仕事ドラマにゾンビホラー、最近の流行はディストピアものやダークヒーローもの……もはや「韓国ドラマ」という一言でくるのは不可能である。『冬のソナタ』から途中をすっ飛ばして『愛の不時着』という人は、「韓国ドラマって、どうせイケメンとの恋愛ものだよね」と思っているかもしれないが、考えてもみてほしい。韓国のドラマの視聴者は、『パラサイト　半地下の家族』みたいなとてつもない作品を生み出す韓国映画も、ドラマ同様に楽しめる人たちなのだ。記憶喪失のイケメンと出生の秘密を持つ貧乏娘の恋愛ばっかりやっていても視聴率をとれるわけがない。

恋愛ドラマが中心だった第一次ブーム下でも、『冬ソナ』とはまったく異なるベクトルの新定番はいくつも生まれている。ひとつはヒョンビンの出世作『わたしの名前はキム・サムスン』が描いた、それまでの韓ドラにはほぼ見られなかった「年下男子」との恋愛である。もうひとつは、『コーヒープリンス1号店』が描いた、男性と「男装女子」の恋愛だ。とくに『コヒプリ』では、コン・ユ演じる主人公がヒロインを「男装女子」と知らぬまま、「男でも好きだ、行けるところまで行こう」と恋愛に飛び込む展開に、正直度肝を抜かれた。あの『冬ソナ』からたった5年、保守的な儒教国家・韓国のドラマで、そんなセリフが聞けるとは。

第二次ブームを作った『美男《イケメン》ですね』は、その「男装女子」の流れを汲んだ一本だ。折からのK–POPブームとシンクロするイケメンバンドの設定も効いてはいるが、最大の魅力は「ツンデレオレ様キャラ」にハマりまくった「グンちゃん」こと、主演俳優チャン・グンソクの存在だ。「オレを好きになることを許可する」とのたまう一方で、実はヒロインに振りまわされ巻き込まれ、お世話しまくっている主人公は、当時の（あくまで当時の）「日本ウケ」の完成形を作ったとも言える。

ケーブルテレビ局が生んだ新たなドラマの世界

同じころに台頭してきた新興ケーブルテレビ局の存在は、韓国ドラマに大きな変化をもたらした。2009年の李明博《イミョンバク》政権の規制緩和により次々と登場したケーブルテレビは、日本での「地方自治体などが運営する小さな放送局」というイメージとはまったく異なる。たとえば、JTBC（『ライフ』『夫婦の世界』）は、軍事政権下の統廃合で放送局を失った新聞社・中央日報がふたたび持った総合編成の局だし、ＯＣＮ（『ボイス』シリーズ、『愛の迷宮〜トンネル』）は財閥系大手エンタテインメント企業ＣＪ ＥＮＭが作ったエンタテインメントに特化した局である。一時は、「韓国のＮＨＫ」と呼ばれるＫＢＳの優秀なプロデューサーが、ケーブル局ｔｖＮに次々と移籍したことも話題となった。日本ではケーブルテレビは契約しなければ見られないが、韓国では、たとえば部屋を借りればすでに契約されたケーブルテレビ込みというのが一般的だ。つまり規模、資金力、クリエイティブ、視聴者のアクセスなど、あらゆる点で地上波とほとんど変わらない存在なのだ。

とくに台風の目となったのが、『愛の不時着』『トッケビ〜君がくれた愛しい日々』などの大ヒットを連発するｔｖＮだ。こちらもＯＣＮと同じＣＪ ＥＮＭ所有のエンタテインメント専門局で、２０１２年にはその存在を世に知らしめた2本のドラマを大ヒットさせている。

一本は、その後にシリーズ化された『応答せよ１９９７』。物語の舞台は１９９７年で、当時流行したドラマやアイドルなど時代ネタをちりばめながら、主人公である高校生男女６人グループの青春を描いてゆく。だがその合間に、ちょいちょい彼らの15年後（つまり現在）が差し挟まれ、その会話によって「ヒロインが仲間内の誰かと結婚していること」がほのめかされる。このパートが、絶妙なミスリードなどもちりばめながら、本筋の恋愛を謎解きのように盛り上げてゆくのだ。この斬新な手法が功を奏し、同じコンセプトのシリーズ作品（『応答せよ１９９４』『応答せよ1988』）はすべて大ヒット、毎回韓国のSNSは「誰が結婚相手？」「この人であってほしい」という話題で持ちきりに。ソ・イングク（『応答せよ1997』）、チョンウ、ユ・ヨンソク（『応答せよ1994』）、パク・ボゴム、リュ・ジュニョル（『応答せよ1988』）など、主役級のスターから脇役俳優まで、出演者はことごとく大ブレイクしている。

もう一本は、日本でもリメイクされた『未生―ミセン』である。囲碁のプロ棋士をめざしながら経済的な事情で挫折した主人公が、一般企業で就職、成長していくさまを追ったドラマだ。作品が描くのは、主人公とその不器用な上司との関係、さらに苦い思いを噛みしめながら、小さな幸せや達成感のために働くすべてのサラリーマンたちへの讃歌である。つまり、それまでの韓国ドラマで必須だった「視聴率の源＝恋愛要素《ラブライン》」がないのだ。当初、このドラマの企画は地上波放送局に持ち込まれたのだが、その点で折り合いがつかず、結果ケーブル局のｔｖＮで放映され大ヒットを記録した。要するに、この作品は「ドラマがヒットするためには、かならずしも恋愛要素は必要ない」「視聴者が求めているのは恋愛だけではない」ということを証明したのである。

大学で演技を学び、舞台経験を持つ俳優たち

こうした作品をきっかけに、それまでの韓国ドラマにおいて一般的だった明確な善悪の対峙や、

激情的な登場人物、さらに畳みかけるように事件が連続する展開などがないドラマも、少しずつ増えてきたように思う。登場人物たちは、日常の中のささいな出来事に、時に人知れず心を痛め、時に小さな喜びを見いだすのだ。ただ、こうしたドラマをヒットさせるのはけっこう難しい。有《あ》り体《てい》に言えば「地味」だからである。派手な展開はそれだけで視聴者の関心をキープすることができるし、俳優の演技が多少まずくても、ある種の「目くらまし」になってくれる。それがないドラマは、下手をすれば「物語に起伏がない退屈なドラマ」と言われかねない。『未生―ミセン』と『応答せよ』シリーズ（とくにシリーズ最大のヒット作『応答せよ１９８８』）がそうはならなかったのは、俳優たちが何しろ上手かったからである。

それは、この作品の出演者に限ったことではない。俳優たちの演技力は、韓国ドラマの面白さを支える大きな要素だ。もちろん中には大根役者もいるが、いまどきはほとんどの俳優が大学で理論と実技の両面から演劇を学び、時には舞台やミュージカルも経験している。アイドル出身の俳優＝いわゆる「演技ドル」もいるが、彼らこそデビューに至る以前、事務所の練習生として、さまざまな表現をみっちりと鍛えられている。俳優をめざす入口としてアイドルになる人もいるし、アイドルから俳優をめざすようになり、大学の演劇科に入り直す人も少なくない。そして、俳優もアイドルも無数にいて、過当競争もハンパない。アイドルとして人気があるとか、インスタグラムのフォロワーが多いとか、そういう理由だけでキャスティングされるほど甘い世界ではまったくない。

多様化する題材と世界進出

『未生―ミセン』に関してはもう一点、言及すべき点がある。ドラマの原作がウェブトゥーンであることだ。2000年前後から韓国で大きな人気を獲得しはじめたウェブトゥーン（ネット上で発表される縦スクロールのマンガ）は、2010年前後からドラマの原作として使われるようになり、『未生』の大ヒット以降は激増している。私はウェブトゥーンにはそれほど詳しくはないのだが、たとえば韓国最大規模（というか世界最大規模）のウェブトゥーンサイト「NAVER Webtoon」に行ってみると、もう何がなんやらわからないほど無数の、あらゆるジャンルの、あらゆるタイプの作品が並ぶ。そこに原作を求めることでドラマが多様化しないはずがない。最後の最後までキスシーンすらなかった『梨泰院クラス』、ディストピア人間ドラマ『Sweet Home―俺と世界の絶望』、悪霊を退治する能力者たちの活躍を描くアクション『悪霊狩猟団：カウンターズ』、脱走兵を追う憲兵の目を通じて軍のいじめ問題を描く『D.P.』、夢だったバレエを習う年老いた男性を描く『ナビレラ―それでも蝶は舞う』、スマホ世代の恋愛をSF的な設定で描く『恋するアプリ Love Alarm』のような作品もあるし、人気脚本家キム・ウニが映像化を見越してウェブトゥーンの原作を書いたゾンビ時代劇『キングダム』のような作品もある。

こうした流れの中で、老舗のKBSにも、韓ドラの常識を破る作品が登場する。日本でもリメイクされた『グッド・ドクター』だ。サヴァン症候群の医師を主人公にした医療ドラマは世界各国で放映、またはリメイクされ、アメリカでのリメイク作品は現在も続く人気シリーズになっている。また同年（2013年）には、SBSが制作した『相続者たち』『星から来たあなた』などの作品が中国で大ヒットを記録、インスタフォロワー2600万人超えのイ・ミンホ（『相続者たち』）、ドラマ一話分のギャラが2000万円まで高騰したとも言われるキム・スヒョン（『星から来たあなた』）など、メインキャストは中国で爆発的人気を獲得する。2016年、韓国のミサイル防衛システム配備への報復として中国がドラマやCMにおける韓国人スターの締め出し（いわゆる「嫌韓令」）を行ったのは、裏を返せば、それを止めれば韓国の国の痛手になるほどの荒稼ぎっぷりだった証拠だろう。

韓国ドラマは、もはや世界的なブームに

日本人の中には、こうした韓国ドラマブームはアジアのみのものと思っている人も多いかもしれない。だがそのブームは、現在世界を席巻中の『イカゲーム』以前から欧米に広まっている。

韓国ではドラマの主演級の俳優たちが自身の冠バラエティ番組を持っていることも多いのだが、旅をテーマにしたリアリティ番組などでヨーロッパを訪れた韓国人のスターたちは、現地のファンにしばしば声をかけられるのだ。たとえばチャ・スンウォン（『最高の愛〜恋はドゥグンドゥグン』）、ユ・ヘジン（映画『コンフィデンシャル　共助』）のコンビがスペインの田舎町でホステルを運営する『スペイン下宿』では、市場で「チャ・スンウォンさんですよね」と声をかけてくる人、ロケの情報を知ってわざわざ別の都市からユ・ヘジンに会いに来た人なども いる。私にとってはもちろん彼らは大スターだが、とはいえイ・ビョンホンのような「ハリウッド映画に出演したワールドスター」とは違う。韓国人の俳優は、韓国の作品とともに輸出され、知られているのだ。

文化の輸出について、ある人からこんなことを聞いたことがある。ある地域の文化が、より広い世界に広がっていくときの順番は「音楽→ドラマ→映画→文学」だという。さほど関心のない人からすれば、昨年のアカデミー賞で韓国映画『パラサイト　半地下の家族』が成し遂げたアジア映画初の作品賞受賞は「彗星のようにあらわれた韓国映画！」という印象かもしれないが、実は唐突でもなんでもない。10年ほど前に始まったK-POPの世界的な展開と、そこで喚起された韓国への関心が、ドラマや映画へと広がったのだ。ちなみに2016年には韓国人作家ハン・ガンが『菜食主義者』で国際ブッカー賞を獲得し、同年に出版された『82年生まれ、キム・ジヨン』は世界中で翻訳され大ヒットを記録している。ドラマに話を戻せば、ネットフリックスの

『キングダム』は2シーズンともに「ニューヨーク・タイムズが選ぶ最高のドラマTOP10」に選ばれているし、『イカゲーム』に至っては全世界のネットフリックスで2021年もっとも多く観られた作品（本書執筆時点）となっている。韓国ドラマがグローバルに認められたコンテンツであることは疑いようもない。

とくに日本人が韓国ドラマにハマる理由

一方で、とくに日本人こそが、もっとも韓国ドラマの面白さを理解するはずだと思う理由もある。それは、いまの韓国ドラマの作り手が日本カルチャーを浴びて育った世代だからである。韓国における日本の大衆文化の開放は、1998年のマンガを皮切りに段階的に始まり、2000年以降本格化してゆく。韓国映画が国際的にその存在感を示しはじめたころ、ポン・ジュノ監督を含むその中心的存在の共通点を示す「386世代」（90年代に30代で、80年代の民主化運動にかかわった60年代生まれ）という言葉があったのだが、それ式に言えば、いまのテレビの作り手は「407世代」（40代で、2000年以降に開放された日本文化を浴びた70年代生まれ）という言い方ができるかもしれない。たとえば『応答せよ』シリーズを皮切りに、最近作『賢い医師生活』まで手がけた全作品を大ヒットさせているシン・ウォンホPD＆イ・ウジョン作家は、それぞれ19

75年、1974年の生まれだ。もちろん、彼らから直接「日本カルチャーのファンです」と聞いたわけではない。だが、韓国の多くのクリエイターや俳優たちに取材した経験から言えるのは、この世代で日本の文化を浴びることなく育った人はおそらくいない。古い話で恐縮だが、『賢い医師生活』で毎回、主役のチョ・ジョンソクが一曲歌う構成なんて、小泉今日子が毎回一曲歌っていたドラマ『明日はアタシの風が吹く』とソックリだし、さかのぼれば久世光彦&向田邦子のシリーズ『時間ですよ』にソックリだ。いや、このあたりのドラマは80年代70年代だから、ぜんぜん関係ないっちゃ関係ないのだが——何が言いたいかといえば、かつてめちゃめちゃ面白かった時代の日本のドラマにあった実験精神と遊び心に共通するものが、いまの韓国ドラマから感じられるのだ。つまらない色眼鏡で見て、この面白さを経験しないなんてもったいなさすぎる。

昨今の国内の報道は日韓関係の悪化を煽るばかりだ。言葉を選ばずに言えば、それは「古い時代のおっさんたちの視線」でしかなく、正直、アホかと思う。若い世代はK‐POPを音楽の当たり前のジャンルとして受け入れ、アイドルになりたければ韓国をめざし、韓国のコスメを使って韓国ドラマのヒロインと同じ真っ赤な口紅を、なんの気負いもてらいもなく唇に塗る。韓国ドラマのファンも、かつての「ヨン様時代」とは比べものにならないほどの広がりを見せているし、私の主戦場たる映画業界でも、韓国との共同プロジェクトは激増している。関係が悪化しているのは政治の世界だけなのに、それがすべてであるかのように言うことに何の得があるのか、私にはさっぱりわからない。ともあれ、これこそが文化の役割――国や信条や政治を越えて、人と人がつながることを可能にするもの――なのだとも思う。

悩ましいのは時間がぜんぜん足りないことだ。なにせドラマは長い。10回なら短いほうで、「全80回」なんて言われたら、寝る間を惜しんで観ろってこと？　と及び腰になるのも当然だ（そして間違いなく、寝る間を惜しんで観るハメになる）。作品数も多すぎて、どこから手をつけたらいいのかもわからないに違いない。この本が、そんな人たちの手助けになれば嬉しい。できれば、さまざまなジャンルのドラマにトライし、「韓国の文化」「韓国らしさ」も楽しんでもらえたらと思う。社会や歴史、伝統文化はドラマの世界の奥行きとなり、面白さは倍増する。一度ハマれば抜け出せない世界に、ぜひ最初の一歩を踏み出してもらいたい。

本文中に記載した配信情報およびＤＶＤ等の発売情報は２０２１年12月現在のものです。

1章

ドラマティックな韓ドラの真髄！
涙と笑いの
激アツ時代劇ドラマ

時代劇の魅力は何しろドラマティックであることだ。そもそも時代劇は理不尽と非科学で構成された世界だが、歴史上稀に見る搾取階級と言われる両班《ヤンバン》（貴族）が支配する李氏朝鮮で、その理不尽は桁違いである。悲劇は目も当てられないほどの悲劇で、それを乗り越えようと、キャラクターは激烈に熱いエネルギーや不屈の前向きさを帯びる。そういうドラマが面白くならないはずがない。

日本の時代劇はほぼNHKの専売特許だが、韓国では各局がさまざまな時代劇を作っている。大河ドラマはほとんどが史実を元に実在の人物を描いたもの。時に60～80話の長丁場なので、おすすめすると100人中100人から「無理！」と言われるが、笑いあり涙あり恋もあり、その合間で「隠された陰謀が！」「秘密がバレる！」「この勝負に勝たないと殺される！」みたいなピンチが連続し、観はじめたらあっという間である。ここに挙げた作品以外にも『宮廷女官チャングムの誓い』『馬医』『イ・サン』『帝王の娘スベクヒャン』などもおすすめだ。

© SBS / U-NEXT にて配信中

根の深い木

뿌리깊은 나무

韓国に行ったことのある人なら誰もが、李氏朝鮮*の第4代王・世宗《セジョン》大王の顔は見たことがあるはずだ。手っ取り早いところでは1万ウォン札の肖像の人物で、日本で言うところの皇居前広場＝「光化門《カンファムン》広場」にもドーンと鎮座している。26人いる王のうち唯一「大王」と呼ばれる最大の所以《ゆえん》は、ハングル文字を作ったことだろう。

ドラマは、この世宗大王が極秘裏に進めた「ハングル文字創設プロジェクト」と、それを阻止しようとうごめく闇の勢力との攻防を描いた歴史サスペンスなのだ……！　と、力んでみたものの、多くの人が「？」となるに違いない。つまり、机の上の話っぽい「文字の開発」が、なんで「極秘プロジェクト」に？　なんで「サスペンス」になんねん？って話である。

当時、朝鮮半島における「本」は、すべて中国語――つまり全部漢字で書かれており、それを読むためには何千字もの漢字を覚えるだけの金と時間が必要だった。こうした状況を背景に学問的知識、ひいては官職（つまり金や権力につながる仕事）が貴族中心の特権階級に独占されていたのだ。だがハングル文字はアルファベットに似た表音文字で、20文字（とその組み合わせ）さえ覚えれば、すべての言葉を読み書きできる。つまりハングル文字で書かれた知識ならば、金も時間もない一般庶民たちも学べるし、街場に埋もれた、階級は低くとも優秀な人材の登用も可能になる。それは、固定化した階級制度と、それに付随する特権や既得権益が破壊されることも意味している。「女が知恵つけるとロクなことにならない！」とか「夫婦別姓許すまじ！」などと同じ感覚で、特権を持つオッサンたち、じゃなかった既存の勢力が、なりふり構わぬ妨害を仕掛けてくるのは当然っちゃ当然のことだ。そんなわけで、王宮では不可解なメッセージを残した連続殺人が続発してゆくことになる。

韓国時代劇において「王宮」は常に愛憎と陰謀が渦巻く場所なのだが、このドラマでまずあるのは、主人公の世宗大王と、その父の3代王・太宗《テジョン》との確執である。企業家においても、裸一貫で財を成した初代はギラギラの肉食で、苦労せず育った2代目3代目は育ちのいいインテリというのはよくある話だが、このドラマで描かれる李氏朝鮮はまさにそんな感じ。軍事政権の樹立と肉親間の権力闘争の末に王座についた太宗は「権力は力で奪い取るもの。狙ってくるヤツは問答無用で消す！」という、いわば男性性の権化であり（ちなみに、このあたりは李氏朝鮮の建国を描いた『六龍が飛ぶ』でも描かれる）、そんな父親にパワハラされまくって育った世宗は「自分は武力で敵を排除するのではなく、議論で解決する文治政治をめざそう」と決意、独自の文字の開発を始めるのだ。

だが先王が死んでも時代はそう簡単には変わらない。強大な先王の下で押さえつけられてきた政敵たちはわらわらと動き出し、既得権益を開放しようとする世宗の前に立ちはだかる。それが「王はただのお飾り」と考える高級官僚たちと、その汚れ仕事を請負ってきた秘密結社「密本《ミルボン》」である。ドラマ最大の面白さは、彼らが仕掛けてくる陰謀とスパイ戦の数々である。王の側近や極秘プロジェクトの周辺には、正体を隠したミルボンのスパイがうじゃうじゃいて、物語が進むにつれ「えええ！　こいつがミルボン⁉　まさか、こいつもミルボン！！！」という具合に明かされてゆくのだ。さらに、親衛隊の中には「父の仇」として王を狙う存在もいて、両者が結託する可能性も示される。

そんななかで、王はハングル文字の体系を作り上げられるのか。いや、実のところ、文字を作っただけでは社会は何も変わらない。多くの人に使われなければ意味がない。一番の難題は、そうした妨害よりも速いスピードで、広く一般庶民に流布することなのだ。これを実現する王の作戦には唸らされる。庶民の価値観、性質、生活を知らなければ、こんな発想は絶対に出てこない。世宗のキャラクターは「指導者や政治家とはこうあってほしい」という夢なのだ。

主演の世宗役は、伝説の韓国映画『シュリ』の大俳優ハン・ソッキュ。映画スターとしての全盛期だった90年代、「忠武路《チュンムロ》（韓国のハリウッド）の脚本はかならずハン・ソッキュを通る」と言われた後、一時は低迷も囁かれたが、最近では人気シリーズを抱えるなどドラマで素晴らしい存在感を見せている。世宗の青年時代を演じるのは、大ヒットドラマ『太陽の末裔』でアジア全土に人気を広げたイケメンスター、ソン・ジュンギ。王を仇と狙う親衛隊長役には、熱い演技が時代劇にハマるチャン・ヒョク（『推奴〜チュノ』）。天才的な記憶力を持ち大王の文字づくりに協力する少女にシン・セギョン（『それでも僕らは走り続ける』）。ヒョヌ（『ロースクール』）、イ・スヒョク（『ウチに住むオトコ』）などのイケメンも、美味しい脇役で登場する。

＊14世紀末から20世紀初頭まで朝鮮半島に存在した王朝について、日本では「李氏朝鮮」という呼び方が定着しているが、韓国では単に「朝鮮」王朝と呼ぶ。この本では日本での慣習的な呼び方にならい「李氏朝鮮」とした。

© SBS / U-NEXT にて配信中 / コンパクト DVD-BOX1〜5 発売中　発売元：フジテレビジョン / ポニーキャニオン　販売元：ポニーキャニオン

六龍が飛ぶ

육룡이 나르샤

歴史時代劇『六龍が飛ぶ』がめちゃくちゃ面白いということを、「李氏朝鮮の建国とか全然興味ないし」という人に伝えるにはどうしたらいいか考えて、思いついたキャッチコピーは「幕末激アツ青春ストーリーin韓国」である。「新撰組の土方歳三の大ファン」みたいな歴女とか、「司馬遼太郎の『幕末』に泣いた」みたいなおじさんとかには、かならずやバチッとハマるはずだ。韓国だし時代は14世紀で、これっぽっちも幕末ではないが、つまりは新しい時代と正義を求めて乱世を突っ走る若者たちを描いた、熱い青春モノなのである。

主人公は韓国人なら誰もが知ってる覇者イ・バン

ウォンだ。バンウォンはのちに李氏朝鮮の3代王・太宗となる人物だが、ドラマの冒頭では、李朝以前に半島を治めた国家「高麗《コリョ》」の辺境を守る将軍イ・ソンゲの五男である。イ・ソンゲは統率力と人徳をあわせ持つ英雄だが、かつて元（モンゴル）の臣下から高麗に寝返った一族の出身である。高麗の権力者たちはそのことをネタにネチネチとイ・ソンゲをいじめる。バンウォンは怒り心頭だが、人徳者たる父は裏切りを恥じており、決して彼らに歯向かわない。

高麗は圧政がハンパない。租税は9割、つまり米10俵作っても9俵は税として取られる。賢い少女プニは農民たちをまとめ、課税を逃れる隠し稲田を作るが、バレて焼き払われてしまう。役人たちは時に貧しい農民の娘をいいように乱暴する。プニの兄タンセ（後のイ・バンジ）の幼馴染みヨニもその餌食となる。まったく食っていけない子だくさんの家に生まれた怪力のムヒョルは、剣の腕で高麗の最高権力者のひとりに上り詰めた剣豪キル・テミをめざし、厳しい修行を始める。

こうした貧しさと屈辱の人生を歩んできた5人の若者たちが、「国は民のためのもの」と語るカリスマ官吏サムボンのもとに集まり、「六龍」となって理想のために動き出す。

成均館（文官を育てる官立学校）で学んでいたバンウォンは、師と仰いだ清廉潔白な官僚が権力のために変節するのを目の当たりにし、彼らと互角の権力を手にするためには悪にならねばならないと心に誓う。そしてサムボンの下であらゆる汚れ仕事を引き受けるようになるのだが、同時に新しい国の中心からは、そのサムボンによって外されてゆく。若者たちの信念、理想、夢、そして正義は、大人たちの政治によって利用され踏みにじられてゆくのだ。

権力の座から追われる高麗一の剣豪キル・テミ（パク・ヒョックォン、『よくおごってくれる綺麗なお姉さん』）が、その息の根を止めようと追うイ・バンジに投げつける言葉にも胸が詰まる。「強者は弱者を食い物にし、弱者は強者に蹂躙される。当たり前のことだ。1000年前からそうだったし、1000年後も変わらない」。力によって君臨した自分たちと、それを力によって排除するお前たちのあいだに何の違いがあるのか。イ・バンジはその言葉に気圧される。

生まれも身分も関係ない連帯から始まった革命は、達成が近づけば近づくほど、結局は権力闘争の色を帯びてゆく。子どもも時代に約束した恋も友情も、恩人や親兄弟さえも捨てなければ、望むものは決して手に入らない。青春が終わり、かつて一本だった6人の道が分かれてゆく。バンウォンは決意のもと、さらなる覇道を突き進んでゆくが、手にした権力は恐ろしいほどの孤独とワンセットなのだ。

李氏朝鮮の中でももっとも激動の時代を描いたドラマは、何しろ熱くドラマティックで、これぞ！という波乱万丈である。バンウォンとプニ、バンジとヨニの幼い恋の行方に泣かされるし、どんなことが起こっても決して壊れない絆にも泣かされるし、いつしか敵どうしになってしまった一部の友情にも泣かされる。前半の爆笑に満ちたのどかなエピソードさえも、後半に思い出せば泣けてくるのだ。

そういったなんやかやをすべて捨て去って、権力に向かってひた走るバンウォンのなんと苛烈なこと。この作品を観て以来、ピンチにおいてヌルい対応しかしない（時代劇の）王様を見るたびに「バンウォンならありえねえな！」と吐き捨てるのが私の癖になってしまった。とくにラスト3話の物凄さ。生きて王座につけたのは、お父さん（初代王・太祖、イ・ソンゲ）が度外れていい人だったからである。

本作の脚本を書いた作家コンビは『善徳女王《ソンドク》』『根の深い木』の2本の大ヒット作も手掛けていて、つながったエピソードも多い。とくにイ・バンウォン（＝3代王・太宗）の息子で、最終回に登場するイ・ド（＝4代王・世宗）が主人公の『根の深い木』はこの後に直結している。『六龍』でサムボンが作りイ・バンジが引きつぐ秘密結社「密本《ミルボン》」は、『根の深い木』では世宗の行く手を阻むものとして登場するし、『六龍』の最終話でバンウォンに請われてイ・ドの護衛武官となったムヒョルは、『根の深い木』でも常に世宗の横にいる。

韓国でもっとも信頼される名優のひとりキム・ミョンミン（『ロースクール』）のサムボン役が最後の最後まで圧倒的だ。バンウォン役のユ・アイン（『トキメキ★成均館スキャンダル』）、プニ役のシン・セギョン（『それでも僕らは走り続ける』）、ムヒョル役のユン・ギュンサン（『潜入弁護人～ Class of Lies』）の魅力は無論だが、イ・バンジ役のピョン・ヨハンが『未生―ミセン』とは別人レベルのカッコよさで注目である。

華政《ファジョン》

李氏朝鮮の王（王族）は、その生涯を通じていろんな名前を持っている。たとえば李氏朝鮮で最長在位を誇り、いろんなドラマに登場する21代王・英祖《ヨンジョ》は、姓名（姓と諱《いみな》）はイ・グムで、字《あざな》（呼び名）は光淑《クァンスク》、王子時代の別号は延礽君《ヨニングン》。「英祖」は廟号（王として死んだ後につけられる呼び名）のひとつで、一般的に「祖」とか「宗」がつく名前が多い。李朝でこの廟号を持たない王がふたりいる。そのうちのひとりが『華政』の主人公、15代王・光海君《クァンヘグン》だ。廟号がないのは廃位、つまり玉座から引きずり降ろされたからである。

ドラマは、その光海（チャ・スンウォン、『最高の

화정

愛～恋はドゥグンドゥグン』）が王になるちょっと前、「ふわっと世子《セジャ》（後継指名された王子）」だったころから始まる。なぜ「ふわっと」かというと、宗主国・明《みん》が正式に認めてくれなかったから。王位継承は「嫡子の長男」が儒教的常識だが、光海は庶子の次男である。父・宣祖《ソンジョ》の正室に子がなく、庶子の長男があまりに粗暴で頭がよろしくなかったために、致し方なく選ばれたのだ。もちろん宣祖も納得がいっておらず、光海にめちゃくちゃ冷たい。庶子とはいえ、仮にもいい年に育った息子に対して、多くの家臣の面前で「てか、お前は誰だ」みたいなことを平気で言う。宣祖自身が李氏朝鮮で初の庶子出身の王で、その血筋コンプレックスを払拭《ふっしょく》するため「跡継ぎにはかならず嫡子を！」と考えていたのである。そんな父に対して光海は、みずからがその地位にふさわしいと必死で証明しようとする。倭寇襲来で父がさっさと逃げた都に残り、最前線で戦うことさえする。光海にとって最悪なのは、宣祖が急死する2年前、年老いてから迎えた継室・仁《イン》穆《モク》王后が王子（永昌君《ヨンチャングン》）を産んでしまったことだ。

ドラマが描くのは、この光海君と、永昌君の姉（つまり光海の異母妹）の貞明公主《チョンミョン》（公主《コンジュ》は王女の呼び名）の生涯だ。おそらく、厳密に言えばドラマの主人公は貞明公主（イ・ヨニ、『エデンの東』）で、フィクションを織りまぜた波乱万丈の人生、物語の躍動感あふれる展開やちょっとしたラブコメのような恋愛パートなども、すべて公主が担当する。だが、ドラマの中心でどーんと構えるのは間違いなく光海である。歴史的事実において、光海はたしかに暴君に見える。継母とはいえ母である仁穆大妃（先王の妻）を幽閉し、一族を片っ端から粛清したこと、わずか7歳の弟・永昌君を蒸刑（高温に熱したオンドル部屋に閉じ込め蒸し焼き）にしたことなど、恐ろしく残忍だ。

だがその生活や政治において、廃位されたもうひとりの王——王宮を享楽的な酒池肉林に変貌させた燕山君《ヨンサングン》（第10代王）のような面は伝わってこない。中国大陸で対立する2大国・明と後金とのバランスを取りながら中立を守る外交政策は、ドラマでも描かれたとおりだ。そんなことを踏まえつつ、ドラマは新たな解釈によって光海を描いてゆく。残忍な粛清は臣下の独断によるもので、それを抑えることができなかっただけなのではないか、というものだ。

こうした悪を孕《はら》む人物で視聴者の共感を得るのは本当に難しいのだが、チャ・スンウォンがあまりにも、あまりにもいい。父親に疎まれた世子時代、幼い妹・公主との「兄さんがお前と弟（永昌君）をなんとしても守る」という約束の場面は、どうにもこうにも胸を打つ。その約束が果たせないとわかったときの光海の表情には、悲しみ、無念、自身の不甲斐なさ、後悔、それでもやらなければならないという思いが入り交じり、「人間でなく王として生きることを選んだ男」としての光海の複雑な胸の内が窺える。そうした光海の人物像を、結局は彼に復讐することなく、その在位中から廃位後にわたって、みずから政治にかかわり続ける公主の存在が肯定する。

もちろんこれはドラマの話でしかない。実際の公主は母・仁穆大妃とともに幽閉され、次代の仁祖《インジョ》によってようやく解放されるのだ。

李朝の中期であるこの時期は、いろんな意味で混乱した時代である。朝廷は宗主国の明に対して親明派と反明派に分かれ派閥闘争をくりかえし、明はいちいち貢物を求めてくるし、かと思えば後金（のちの清）も台頭してきているし、相次ぐ戦争で多くの民衆が流民となり……そんな時代に王になった光海は、そこそこ頑張ったんじゃないかと私は勝手に思う。それは、その後を継いだ16代王・仁祖——李氏朝鮮でもっとも無能な王と言われる——を見ればわかることだ。クーデターによって王座を奪った仁祖は、すでに終末を迎えつつあった明に肩入れし、イケイケの後金にケンカを売って首都・漢陽に攻め入られ、首都を捨てて小さな南漢山城（映画『南漢山城』は、そこで起こった最悪の飢餓を描いている）に立てこもり、結局はどうにもできずに降伏する。漢江《ハンガン》沿いの地べたで、清皇帝に対する臣下の礼「三跪九叩頭」（頭を下げるたびに地面に3回額を打つ×3回）——つまりほぼ土下座で謝罪させられた史実は、「三田渡の屈辱」として語り継がれている。このドラマでも、仁祖はいかにも憎々しい最低の悪役として登場するのだが、この場面を観ると心が治まる。ま、ドラマではあるのだが。

トンイ

동이

男性が主演の韓国時代劇（大河ドラマ、史劇）は、いわゆるヒーローものに近い。主人公はたいてい王様か武人で、生まれながらの才能やカリスマ性で人々を惹きつけ、徒党を組んでやがて何かを成し遂げたりする。もちろん面白い。だが主人公のキャラクター勝負では、女性主演の作品のほうがバリエーション豊富だし、圧倒的に面白い。個人的に大好きなパターンのひとつは、「才能はあって、どこかの線が一本ヌケてる人」。その双璧が『宮廷女官チャングムの誓い』のチャングムと、この作品のトンイである。

トンイは実在の人物で、低い身分から李氏朝鮮19

代王・粛宗《スクチョン》の側室になり、21代王・英祖の生母となった人だ。ドラマは、このトンイが奴婢《ぬひ》（実際はそこまで下層階級ではないようだが）から側室の最上位「嬪《ぴん》」となり王子を産むまでを描く。

物語のきっかけは、何者かに襲われた政府高官の死に際に、幼いトンイが居合わせたこと。検死官の娘だったトンイは金一封を目当てにその捜査に協力するのだが、捜査線上に浮かんだ反政府組織「剣契《コムゲ》」の首領は彼女の父親だった。真の犯人にハメられたのである。父は殺され組織は壊滅、ひとりぼっちになったトンイは事件の真相を突き止めるため、下働きとして王宮に潜入する。

トンイはとにかくまっすぐで、「人の道に外れることはしてはいけない」というシンプルな信条で生きている。そして清楚なハン・ヒョジュ（『華麗なる遺産』）が演じているから騙されるが、好奇心の塊のスーパーお転婆娘で、猪突猛進である。王宮で生き延びるには「目立たない」と「見て見ぬフリ」が基本だが、トンイは事件が起きれば真相を探らずにはいられないわ、悪事を目撃すれば犯人の後を追うわ、証拠を探すためにあらゆる場所に忍び込むわ、その基本姿勢は「安牌《アンパイ》よりもイチかバチか」で火中の栗を拾いまくり。視聴者はハラハラしっぱなしなのだが、決してドロドロな「胸糞エンタメ」にはならない。トンイが「一本ヌケている」からだ。

あまりのことに笑っちゃうのは、宮廷内の薬房の医員が殺され、トンイが容疑者にされるというエピソードだ。権力闘争に事件を利用しよう目論む監察部は、トンイに使いを頼んだ側室チャン・オクチョン（イ・ソヨン、『花遊記《ファユギ》』）の名前を言わせようとするが、トンイは絶対に口を割らない。そしてなんとか釈放された後、真相を突き止めるために安置所に行き、探しあてた医員の死体から証拠を採取する。トンイが特異なのは、こうした乗るかそるかの流れの中で、あってしかるべき葛藤や悪感情がまったくもってヌケているのだ。

「ただオクチョンの名前を言えばいい。さもなくば拷問だ！」と憎々しく迫る監察部に、凡百のヒロインであれば恐怖と良心で葛藤し、苦渋の表情で呼応するだろう。だがトンイは「そういうことは私にはできません」とサラッと言う。「父親が検死官だったから死体を見慣れている」というキャラづけはあるものの、暗い死体置き場で慄《おのの》くこともなく、片っ端から筵《むしろ》をめくって死体をチェックする、ってのもスゴイ。目当ての死体を発見してパアッ！と明るく笑う姿は「冷蔵庫にこっそり隠してあったハーゲンダッツを発見！」みたいなテンションである。殺人事件の証拠を押さえてワクワクしながら言う「私はプンサンと呼ばれているんですよ」というセリフも印象的だ。プンサンとは「一度嚙みついたら死ぬまで離さない」と言われる猟犬・豊山《プンサン》犬のこと。つまり、トンイは事件に首を突っ込むのが大好きなのだ。50〜80回と長丁場の時代劇において、前半のこの明るさと無邪気さはものすごく大事なことだ。

さて、このドラマのもうひとりの主役でトンイの宿命のライバル、側室のチャン・オクチョンについても触れねばならない。この事件以来、オクチョンはトンイを「味方」として取り立てるようになるのだが、これが彼女の命取りとなる。オクチョンは四柱推命で最強最大の吉星「天乙貴人」を持つ女性なのだが、高名な僧侶に「同じ星を持つ人間（トンイのこと）に出会うけど、その行く手を阻もうとしても絶対勝てへんで」と占われていたのだ。視聴者は、のちにトンイが国母となり、オクチョンが処刑されることは知っているが、ドラマはオクチョンにのみそれを意識させる。

そもそもオクチョン自身が、聡明だが身分の低さゆえに辛酸を嘗《な》めてきた人物で、だから自分と同じようなトンイを引き上げたのだ。だが占いが呪いとなり、オクチョンはトンイを恐れ、絶対に勝てない運命なのに、彼女を潰そうとどんどんダーティになってゆく。昔観たときはオクチョンのことを「なんという意地悪女！」と思ったのだが、歳を重ね、時代が変わった上で観てみると、破滅の淵を覗きながら、でもそうせずにはいられない彼女の焦りと悲しみは、妙な人間臭さとして迫ってくる。

張玉貞《チャンオクチョン》（張禧嬪《チャンヒビン》）は「朝鮮の三大悪女」のひとりで、粛宗時代に幅をきかせた南人派の中心人物である。本作で描かれるその姿は聡明で美しく、男性や権力にひるまず、リスクマネジメントに長け、政治的駆け引きの才覚と嗅覚を持ち合わせ、清濁併せ呑むこともできる。現代劇に登場すれば、男社会を撃破していくスーパーヒロインになりそうだ。もちろんトンイもいい。いまの時代なら、ふたりはきっと友だちになれただろう。そんなふうに思うと、何やら物悲しささえ覚える。

善徳《ソンドク》女王

선덕여왕

ドラマにおいては魅力的な主役と同じくらい、いや、時にはそれ以上に、魅力的な敵役・悪役は重要だ。主演俳優にそれほど興味がないにもかかわらず、韓国の時代劇の中で『善徳女王』がもっとも好きなのは、コ・ヒョンジョン（『ディア・マイ・フレンズ』）演じる「ミシル」という最強の敵役がいるからである。頭がよく武芸にも秀でた美女で、王妃の座を求めて策謀をめぐらせる女傑である。ミシルがこの物語の事実上の主人公だと思うのは、その迫力、その残忍さ、その悲しさで、この人が物語を最後まで引っ張るからだ。観終わった後は、ミシル（とその息子ピダム）のことしか思い出さない。

ミシルは新羅《シルラ》の24代王・真興《チヌン》大王の側室で、大王は彼女を「傾国之妃」（国を破壊しかねない美女）と呼んだ。彼女は大王のもとで、近衛兵の指揮官「源花《ウォンファ》」と、玉璽《ぎょくじ》（王様のハンコ）の管理者「璽主」の両方を務め、その実力は十分に認められていた。だが、その強すぎる権力欲を危ぶんだ大王は、自分の死に際してミシルを殺せと密かに命じる。それを察知したミシルは大王の遺言を書き換え、まずは大王の次男を、そして孫（真平《チンピョン》王）を王に据えるのだが、望んでいた王妃の座は手に入らない。主人公のトンマン＝のちの善徳女王（イ・ヨウォン、『馬医』）はこの真平王の娘だが、生後まもなく秘密裏に王室から出される。彼女は双子の一方で、王室には「双子が生まれると〝聖骨《ソンゴル》〟（後述）の男子が絶える」という予言があったからだ。

ここまでで、実はまだ3話である。次々と渦巻く陰謀、ピンチ連発でアクションも満載、そしてめちゃくちゃお金がかかっているのがわかる。『善徳女王』はものすごくゴージャスな時代劇なのだ。ソウルには観光客憧れの気品漂う「シーラホテル」があるが、この「シーラ」が「新羅」である。軍人が樹立した儒教国家の李氏朝鮮がばりばりのマチズモであるのに対し、シャーマニズムの色が濃い新羅は西方交易などもさかんで、衣装や装飾品はきらびやかだ。女性たちの長く下がるピアスはもとより、男性たちも大胆なイヤーフックで耳元を飾っている。ミシルが従える近衛兵「花郎《ファラン》」は、死を覚悟した出陣に際しては化粧を施す。独特の美意識があるのだ。

そしてもうひとつ押さえておきたい新羅独特の価値観が、王族の「骨階制」である。新羅の貴族には、王族出身の両親を持つ「聖骨《ソンゴル》」と、片親だけが王族出身の「真骨《チンゴル》」の2種類があり、王の資格を持つのは「聖骨」のみ。トンマンが王宮から出されたのは、この「〝聖骨〟の男子が絶える」という予言があったからだ。前半でミシルがトンマンを捜すのは、双子を産んだ王妃の責任を追及し、廃位させて自分が王妃になるため。後半でトンマンを殺そうとするのは、「聖骨」の王女と結婚すれば「真骨」の男も王になれるため。つまり王妃に一番近い女性だからだ。

そうした一切から遠ざけるため、トンマンは身分を知らず、男の子として育てられる。だが運命の引き寄せにより、姉の王女チョンミョン、のちに新羅の英雄となるキム・ユシン、さらにミシルが捨てた息子ピダムと出会い、宿敵ミシルと覇権をめぐる闘いが始まるのだ。

だが、トンマンはミシルをかならずしも憎んではいない。むしろ「ミシルならどうするか？」を常に考え、成長してゆく。たとえば、ミシルが科学や天文学の知識で神性を維持していることを知ったトンマンは、暦によって知り得た日食を予言し、自分を神性化してみせる。さらに言えば、トンマンは慈愛に満ちた統治者ではない。ミシル同様にみずからの手を血で汚すことすらある。

ふたりには大きな違いもある。私がミシルを見ながらずーっと思っていたのは「なんで王妃？女王になっちゃえばいいじゃん」ということだ。「真骨で女性」であるミシルは、「聖骨で男性」を条件とする王にはなれない。だから、女性の最高位である「王妃」をめざすのだ。つまり「女」を利用して「権力を持つ男」を支配し、のし上がろうとする。彼女を支えている男たちは、実弟のミセンも含めて、みな彼女の愛人とその息子たちである（ちなみに「王の母」にもなれない。ミシルが「真骨」ならば子どもも「真骨」だからだ）。一方のトンマンは、「聖骨」を前面に押し出し、勝手に「女王」を宣言してしまう。常識からぶっ壊してしまうのだ。半島からタクラマカン砂漠までを旅しながら育ち、男として王宮に戻って郎徒（兵士）となったトンマンを支える男たちは、そこで得た仲間たちである。ミシルを共有していること以外に何の絆もないミシルの男たちと異なり、彼らには共通の目標もある。もちろんピダムとユシンはそれぞれにトンマンを想ってはいるが、トンマンはそれさえも利用して、必要なふたりをそばに置く。

トンマンの「女王宣言」でミシルがちょっとずつ壊れていくのが同世代の私にはなんとも切ない。「女にはできない？　その根拠は？」とか言いながら、ヒョイ！と役員に収まったハーバード大卒のアラサーお嬢様を見て、「私は何を遠慮してたんだろう？　おっさん人気とか、結局役に立たないし！」と歯嚙みする40代半ばのバリキャリ――を見ているような気持ちになる。

「私を倒す気なら、全身全霊で来な。じゃなきゃ死ぬわよ」と若造を脅すミシル。「お前らが利権を貪ってるあいだに誰が国を支えてきたと思ってんだよ！」とブチ切れるミシル。キャリアのために息子ピダム（キム・ナムギル、『熱血司祭』）を捨てたミシル。そして、その思いを受け継いだピダムの悲劇性。すべてを書くにはあと1万字くらい必要だ。ミシル&ピダムロスにおちいること間違いなしの傑作である。

王になった男

왕이 된 남자

8歳でデビューしたヨ・ジングは、人気子役から出演作が途切れることなくそのまま大スターになった、そして24歳にして名優と言っていいほど上手い俳優である。とくにこの2〜3年は、2021年の百想芸術大賞受賞作『怪物』、ハリウッドでリメイクが決定した『ホテルデルーナ〜月明かりの恋人』など、黄金時代さながらだ。そのきっかけを作った作品が、一人二役を演じた大ヒット作『王になった男』である。

ド頭の場面から引き込まれる。死ぬ間際の父王は世子イ・ホン（ヨ・ジング）を呼び寄せ、「大嫌いな庶子のお前に王位を譲るとは。嫡子の弟に害を加えないと約束しろ」と命じる。ホンは「人にものを頼む気なら哀願しな」と吐き捨て、王になった途端に弟を毒殺する。だが、この悪行は幻覚となってホンを蝕む。さらに政治の実権を握る左議政《チャイジョン》シン・チス（クォン・ヘヒョ、『誰も知らない』）に薬物漬けにされ、息子を殺された大妃（先王の正室）にも恨まれ、命を狙われている。そんな折、王とそっくりな旅芸人ハソンを見つけた都承旨《トスンジ》イ・ギュ（キム・サンギョン、『家族なのにどうして』）は一計を案じ、王を守り養生させるための替え玉作戦を決行するのだ。都承旨とは王の秘書室長のような役職である。左議政は副首相といったところだろうか。

ドラマの面白さはバディもののそれである。旅芸人ハソンは金のために、イ・ギュは王を守るために、ともに傀儡師《くぐつし》となる。小柄で軽妙で愛嬌たっぷり、気さくで無邪気なハソンと、大柄で恰幅がよく、常に苦虫嚙み潰した表情で周囲を威圧するイ・ギュは、ビジュアルから性格から考え方から、何もかもが正反対のコンビだ。みんなの前では偉そうに「そうせよ」「御意！」とやっていたふたりが、自分たちだけになると「だ、大丈夫でしたかね？」「調子に乗るな！」と逆転するようすもいちいち可笑しい。

だが、ハソンのような人間を嫌える人間はなかなかいない。手始めに陥落するのは、王の世話係でイ・ギュが唯一信じ秘密を共有するチョ内官《ネグァン》（世話係の宦官）だ。本物の王は何かというと女官をぶん殴っていたので、女官たちは些細なミスでも「おおお許し下さいませえぇぇぇ――っ！」と土下座する。その反応にびっくりして「いやいやいやいや大丈夫！　大丈夫だから！」

となるハソンに、チョ内官は「そらバレるがな……」と目配せしつつも、彼の人の良さを憎めない。そしてハソンもこの人物に懐き、さまざまな知識を身につけてゆくのだ。

原作であるイ・ビョンホン主演の映画『王になった男』に比べて長いドラマ版は、このあたりが大きく膨らませてある。映画版のハソンは単純に素朴で善良な小市民でしかないが、ドラマ版のハソンはその上に「熱心な役者」でもある。正体がバレぬための「役作り」として、チョ内官からは振る舞いと知識を身につけ、イ・ギュからは宮廷内の政治を学び、成長してゆく。そうしたやりとりは当然ながらイ・ギュにも影響を与える。王の政敵である大妃の悪事の証拠を手に入れたイ・ギュは「これで大妃を廃位できる」とほくそ笑むが、ハソンはその証拠で大妃と交渉することを選ぶ。「いちいち殺していては誰もいなくなってしまう」というハソンの言葉に、イ・ギュは気づかされるのだ。自分がめざすべきは、王宮内のパワーゲームに勝つことではなく「善き政治」であることを。そして、映画版にはない一世一代の決断を下す。最大の見せ場のひとつ、イ・ギュの思いとキム・サンギョンの名演技に胸が詰まる。

主人公のモデルは廃位された李氏朝鮮の15代王・光海君だ。だが、作品の「いわゆる暴君」パートは李朝のもうひとりの廃王――燕山君のイメージに近い。光海君には「いわゆる暴君」的エピソードは多くなく、昨今では、政治的な陰謀で廃位されたものの「実は名君だったのでは？」とも言われている。そうした二面性が、この「とりかえばや物語」のインスピレーションなのだろう。そして、その「実は名君?」的要素のひとつが、ドラマの中でイ・ギュの悲願として描かれる「大同法」だ。当時の税制は物納で、人々は地方自治体からの要求に応じ、絹、海産物、朝鮮人参といった物品を用意する。だが値段の変動や地方役人の「中抜き」など問題も多かった。大同法は税を米に統一し土地所有者に課すもの、つまり金持ちや両班《ヤンバン》(貴族)が多く払うとした制度である。反対する政敵シン・チスはそこで私腹を肥やしている、いまの日本にもいそうな悪徳政治家なのだ。

……と、ここまで書くと、陰謀と駆け引きが続く政治サスペンスに思えるが、このドラマの魅力はロマンスもきっちりと押さえていること。王妃が偽物の王に恋してしまうのだ。さすがのイ・ギュも、ハソンが王妃に触れることは許さないのだが、ふたりは本当に素朴な優しさと小さな幸せで心を通わせていってしまう——だが王妃はハソンが偽物であることをもちろん知らない。王と王妃のパートでは、ふたりのテーマソングのような甘いセレナーデが流れ、「もし真実がバレてしまったら……」と観る者の心を切なくさせる。陰謀と駆け引きが連続する政治パートで、ここぞという場面に徐々にスピードを増しながら鳴り響く大太鼓の音と対をなし、この作品のメリハリを作る。

物語のラストには、このふたつのサスペンスが交錯し、最大の波乱は運命の恋の結末へと収束してゆく。バチバチと火花を散らす俳優の演技も素晴らしい。血沸き肉踊り、その合間にうっかり泣けてしまう、一度観はじめたら決して止まれない作品である。

Netflix シリーズ「アスダル年代記」Netflix で独占配信中

アスダル年代記

正直に言えば、『アスダル年代記』の最初の印象は「な、なんじゃこりゃ」である。韓国ドラマには……原始人ファンタジーも多いが、ええと、これは……原始人系？ というか、神話系？ うぅむ、初めて見るジャンル……という感じで斜めに見ていたのだ。だが『ヴィンチェンツォ』関連でソン・ジュンギの原稿を書くことになり、「一応チェックするか」と観てみたら――これがかなり面白い。個人的には韓国ドラマの真髄は時代劇にあると思っているのだが、『アスダル年代記』はそれをさらに濃縮した、ギリシャ悲劇かオペラかといったドラマが展開するのだ。その世界観が『ゲーム・オブ・スローンズ』に影

아스달 연대기

響を受けているのは想像がつくが、『ロード・オブ・ザ・リング』や、宇宙の出てこない『スターウォーズ』も連想させる。舞台はさまざまな氏族が割拠する原初的な大地「アス」。「アスダル」はそこに存在する（シーズン1においては）唯一の都市（都市国家）だ。都市を動かすのは氏族同盟で、その中でもっとも力を持つのが、鍛え上げた軍を持つ最大数の「セニョク族」、金属精錬の技術を持つ「へ族」、霊力によって祭祀を司る「白山族」の3氏族である。

物語には、大きくふたつの流れがある。ひとつは、戦争で領土を広げ「国家」をめざすアスダルにおける3氏族の権力闘争で、主人公はセニョクの族長の息子タゴン（チャン・ドンゴン、『紳士の品格』）。数多の軍功を持つカリスマ的な軍人で、市民から圧倒的な人気を誇る英雄である。そもそも3氏族の長は、常に他の2氏族の権力を削ぎ、あわよくば寝首をかこうと考えている。とくに軍事集団「セニョク」と祭祀集団「白山」の主導権争いは憎しみを交えた熾烈なものだ。技術者集団「へ族」は、スパイを使いながらそのあいだでしたたかに立ちまわる。3人の族長は、権力奪取のためなら肉親も含め、あらゆる存在を利用し使い捨てにして憚《はばか》らない。

そしてまさに使い捨てにされつつあるのが、タゴンとその恋人——へ族の族長の娘テアラ（キム・オクビン、映画『悪女／ＡＫＵＪＯ』）だ。タゴンは幼いころに与えられた「父親を殺す」という予言ゆえに父に疎まれ、テアラは女性であるがゆえに政治の表舞台に立つことができない。そういう人間が権力を欲すれば、やることはただひとつ。既存のシステムそのものを壊すことだ。

ふたりは武力を行使し権謀術策をめぐらす――つまり苛烈な「覇道」を突き進んでゆく。

もう一方の流れは、辺境の地で平和なワハン族と暮らすウンソム（ソン・ジュンギ）が主人公だ。この地で育った彼は、だがワハンではない。サラム（韓国語で「人間」の意味）に「獣」と蔑まれる種族ネアンタルと、サラムのあいだに産まれた忌み嫌われる存在「イグトゥ」だ。驚異的な身体能力と霊能力を持つネアンタルは、それゆえに恐れられ、タゴンの汚い戦法によって根絶やしにされた。ウンソムは赤ん坊のころにこの地に逃げのびたのだが、タゴンとの因縁は切れない。ワハンの村を襲撃したタゴンの部隊に、幼馴染みで想いあう巫女タニャ（キム・ジウォン、『サム、マイウェイ』）を奪われたウンソムは、彼女を助けるためにアスダルへ向かう。

ここからウンソムの宿命が始まる。道中で征服された数多の氏族が強いられる貧困や隷属を目にし、彼らを助けたウンソムは、多くの氏族にまつりあげられてゆくのだ。氏族たちの確信は、ウンソムの行動が神話を体現することで裏づけられてゆく。つまりウンソムは「天によって選ばれた存在＝王道」である。ドラマが描くのは、誕生する巨大国家を治めるべきは「王道のウンソム」か「覇道のタゴン」かという物語で、概念からして完全に孟子であり儒教であり、もろ韓国だ。だがやがて、実はウンソムとタゴンはその実存において似た存在であることもわかってくる。さらに、もうひとりのそっくりな人物が登場し、ふたりの行く手を悪魔的に阻んでゆく。「運命の三つ子」ともいえる彼らが、今後のシーズンでどう統合するのか。チャン・ドンゴンはカッコよく散るのが好きな俳優だから、タゴンは死んでしまいそうな気もするが。

タゴンのパートの見どころは、華麗かつ残酷な陰謀と駆け引きの数々だ。ドラマティックを極めたオペラ的阿鼻叫喚の世界はさすがの韓国ドラマである。とくに私のお気に入りは、タゴンと恋人テアラの関係だ。性格のそっくりなふたりは、幼いころに「自分を守るために互いを裏切っても恨まない」という約束をしている。権力闘争が宿命の人間特有のハードボイルドにシビれるが、この約束をしてなお、ふたりは互いを見捨てない。かつては現代劇にもあったこうした韓国的な激情は、最近では時代劇でも少なくなっている気がする。

一方のウンソムのパートは、『ONE PIECE』のような冒険ものの趣である。とくに『ヴィンチェンツォ』でソン・ジュンギに「一目惚れ」していたキム・ソンチョルと旅する部分はファンにはたまらないだろう。次々と登場する氏族たちも面白く、演じる俳優たちも「あ、この人は！」という顔ぶれが楽しい。日本の女優・唐田えりかも、まったく異なるイメージで登場する。

大スケールの映像も見どころだ。近年の韓国映画はＳＦやディザスタームービーのジャンルで、その映像クオリティが飛躍的に上がっている。日本と比べて……なんて言うのも恥ずかしい、もはやハリウッドのレベルだ。それもこうしたドラマにおける大胆なトライアルの成果だと思う。さまざまな事情でシーズン2の製作が遅れているが、ネットフリックスとは3シーズンの契約をしているようだ。ぜひ完結してほしい。

「六龍が飛ぶ」
〈本格時代劇セレクション〉
コンパクト DVD-BOX1〜5 発売中
発売元：フジテレビジョン／
ポニーキャニオン
販売元：ポニーキャニオン
価格：各¥5,500（税込）

「華政［ファジョン］」
〈本格時代劇セレクション〉
コンパクト DVD-BOX1〜5 発売中
発売元：フジテレビジョン／
ポニーキャニオン
販売元：ポニーキャニオン
価格：各¥5,500（税込）

「善徳女王〈ノーカット完全版〉」
コンパクト DVD-BOX1&2 発売中
発売元：フジテレビジョン／
ポニーキャニオン
販売元：ポニーキャニオン
価格：各 11,000 (税込)

2章

古い常識をぶっとばす、新時代のヒーローたちの

痛快エンタメドラマ

この２年間のコロナ禍で多くの人が気づいたことは、おじいちゃんとおじちゃんと、おじちゃんみたいなおばちゃんが、彼らがずっと所属するムラに古くから伝わる伝統と常識によって、日本を動かしているということだ。彼らは30年後にはおそらくこの世に存在していない、少なくともその先に日本を動かす存在では決してないが、にもかかわらず日本の中枢に、しぶとく、偉そうに居座っている。「社会はなぜいい方向に変わらないのか？」という疑問は、おそらく「社会はなぜ、いまを生きる私たちの感覚とズレているのか？」という意味なのだろう。昨今の韓国ドラマには、そういう時代の閉塞感を打ち破ろうとする作品が増えている。もちろん、たったひとりでは変えられない。『梨泰院クラス』にしろ『ヴィンチェンツォ』にしろ、仲間がいる。それが「普通の人」「はみ出しもの」「弱者」であるのもいい。迷い、虐げられる存在だった彼らが一丸となって巨大な悪や、古くさい世界を撃破してゆく。これが痛快でないはずがない。

Netflix シリーズ「梨泰院クラス」Netflix で独占配信中

梨泰院《イテウォン》クラス

ドラマの面白さは、主人公の魅力もさることながら、その行く手を阻む悪役の存在がどれだけ巨大で、どれだけ憎々しいかで決まるように思う。視聴者が「ムカつく!!」と言いながら主人公を応援し始めたら、ドラマとしては勝ったも同然だ。『梨泰院クラス』の悪役、巨大外食産業グループ「長家《チャンガ》」の会長チャン・デヒ（ユ・ジェミョン、『秘密の森』）は、ここ数年のドラマでもっとも視聴者に憎まれた悪役――つまり成功したキャラクターのひとつだ。

額に「言うこと聞くヤツは「犬」、それ以外は「家畜」」と彫っている（嘘ですが）支配欲の怪物チャン会長は、全話を通じて本当にヤバいおっさんな

이태원 클라쓰

のだが、仰天するのは第2話。ことの発端は主人公セロイ（パク・ソジュン、『キム秘書はいったい、なぜ？』）の高校時代、チャンガの跡取り息子グンウォンとのケンカである。息子を殴られ怒った会長は、土下座を要求するもセロイはこれを拒否。会長はセロイを退学に追い込み、チャンガで働くセロイの父をクビにし、その死の真相を闇に葬る。キレたセロイは、一連の事態の元凶であるグンウォンをボッコボコにし、刑務所へ……となった後の第2話だ。

雪だるま式に巨大化した事態に完全にビビってしまったチキンなバカ息子グンウォンに、会長は「この機会に「チャン・デヒ帝王学」を叩き込もう」と息子を鶏舎に連れて行く。そしておもむろに鶏を一羽選んでグンウォンに手渡し、「セロイは家畜だ。殺せなくてどうする」と、素手で締めさせるのだ。「でぃゃあああああー！」と泣き叫びながら鶏の首をひねる息子を見て会長が高笑いする場面は、ほとんどホラーである。以降グンウォンは、韓国人のソウルフード＝チキンを一切受け付けなくなる。チキンを食えないチキンという、ダジャレみたいな展開だ。

金と権力であらゆる人間を支配できると信じ、「セロイを土下座させること」に全力投球する会長は、まさに前時代的な父権主義の権化、ザ・有害な男性性である。これを「全登場人物の前に立ちはだかる敵」として描くことで、作品は「新しい時代」を投げかける。

たとえば、当初は「会長に土下座させる」と決意していたセロイの目標は、途中から仲間とともに成功することに切り替わってしまう。会長によるメガトン級の嫌がらせ百連発も、「そうと思ってました」ってな具合で、感情で反応せず冷静に回避してゆくのだ。古い話で恐縮ですが、いがぐり頭を撫でる仕草といい、セロイのモデルは映画『七人の侍』の志村喬じゃないかと私は踏んでいる。温厚で冷静沈着、武士のプライドであるチョンマゲを持たない知将である。ビジネスが面白くなってきたセロイが、前時代的なプライド＝チョンマゲとか土下座への興味を次第に失っていくのは、一文の得にもならないからである。ちなみに彼は、恋愛においても「オレがお前を守る」「お前はオレのもの」的なセリフを一切言わないし、ついでに童貞も恥じていない——「有害な男性性」とは無縁だ。

ヒロインふたりにも同じことが言える。韓国ドラマは男性目線の（そしてそれを内面化した女性たちが好む）ヒロインを多く描いてきた。「美人のお嬢様」「清く正しい貧乏娘」「良妻賢母型のしっかり者」「愛嬌のあるドジっ子」「傲慢な名誉男性的エリート」等である。だがセロイを奪いあうふたりは、ここにはまったく当てはまらない。

セロイの初恋の相手オ・スア（クォン・ナラ、『マイ・ディア・ミスター〜私のおじさん』）は孤児で、セロイの父の世話で高校まで通い「ご恩はかならずお返しします」とか言いながら、会長からの資金援助に目がくらみ絶賛隷属中。にもかかわらず、セロイに想われていることを「まだ汚れきっていない自分」の拠りどころにし、にもかかわらず、ある部分では「セロイ＝中卒の前科者」と蔑み、にもかかわらずそれを卑下しないセロイに嫉妬もしている。なんぼなんでも、こじらせすぎなアラサー女子である。

他方、セロイが梨泰院にオープンした居酒屋「タンバム」のマネージャー、チョ・イソ（キム・ダミ）はＩＱ１６０の天才で、70万人のＳＮＳフォロワーを持つインフルエンサーだ。セロイに惚れ込み押しかけ就職したイソは、ことあるごとに「社長好きです」と告白しまくる一方、セロイ以外の人間を屁とも思わず、強者の理論で無邪気に暴言を連発するソシオパス（反社会性パーソナリティ障害）でもある。そして、セロイを傷つけるヤツは「私が潰す」と心に誓い、権力と暴力が渦巻くデンジャーゾーンにも平気で飛び込んでゆく。

『愛の不時着』の三角関係が「北朝鮮の高官の子息で実はピアノの天才」と「高飛車だがしっかり者の南北の美人お嬢様ふたり」だったことを考えると、このドラマがどれだけ斬新かわかるだろう。展開も含め、徹底的な定石破りなのである。

米軍基地のある街・梨泰院は、あらゆる価値観を内包する自由な町だ。中卒で前科者のセロイがこの街を気に入った理由はそこにあり、その多様性そのままにセロイの店は存在する。メンバーはトランスジェンダー、元ヤクザ、韓国人を父に持つアフリカ系、そしてソシオパス。こんなにもダイバーシティな韓国ドラマはいままでなかった。不遇も過去の怨念も突き抜ける、爽快なサクセスストーリーである。

Netflix シリーズ「ヴィンチェンツォ」Netflix で独占配信中

ヴィンチェンツォ

빈센조

美肌本を出版したことがあるほどの「花美男」ソン・ジュンギは、その大ヒット作『太陽の末裔』で全アジア的に知られる大スターだ。だが、風景が3色くらいでできてる砂漠の国で迷彩服着ながら砂まみれになって男を誇示する軍人役（@『太陽の末裔』）なんて、私に言わせれば「ソン・ジュンギの無駄遣い」でしかない。個人的な「史上最高のソン・ジュンギ」は、一世を風靡した某フュージョン時代劇である。あえてタイトルを言わないのは、私の中に「主演俳優が犯罪を犯した作品は紹介しない」という、自分なりに意味のある決まりがあるからなのだが、私のそんなチンケなポリシーなんて意味ないほどの大ヒット作品だ（知りたい人はどうぞネットで検索を）。

さておき、そこでソン・ジュンギが演じた役は、李氏朝鮮のエリート候補である儒学生で、おしゃれでスマートな遊び人で「女林《ヨリム》」とあだ名されるほど女子にモテモテ。何ごとにも熱くならず冷静で、でも鋭い観察眼と洞察で誰よりも状況が見えている男である。ソン・ジュンギの魅力――その美しさ、スマートさ、軽やかさをこれ以上に生かした作品はない――と、思っていたのだ。そう、『ヴィンチェンツォ』を観るまでは。

「韓国系イタリア人でマフィアファミリーの顧問弁護士」という無理めのキャラクター設定から始まるドラマは、主人公ヴィンチェンツォと、悪事まみれの財閥企業「バベル」、さらにそれを支える大手弁護士事務所「ウソン」とのバトルを描く。

冒頭でイタリアから韓国に帰国した、マフィアの弁護士ヴィンチェンツォ。その目的は、中国人の大富豪がオンボロビル「クムガプラザ」の地下金庫に隠した１５００億ウォンの金塊を手に入れることだ。再開発をすすめるバベルは、テナントの住民たちと立ち退きの交渉中である。ヴィンチェンツォが「味方風」に住民たちに近づいたのは、ビルが取り壊されると決して開かなくなるという金庫の特殊な構造ゆえ、そして住民代表を務める人権派のホン弁護士（ユ・ジェミョン、『梨泰院クラス』）との「不思議な縁」ゆえだ。その娘である元ウソン所属の弁護士チャヨン（チョン・ヨビン、『恋愛体質～30歳になれば大丈夫』）と手を組んで、バベルとウソンに復讐を誓ったのは、彼らによってホン弁護士が殺されてしまったからである。

第2話でヴィンチェンツォのセリフ――「イタリアの犯罪組織はマフィアだけ。でも、韓国は全部がマフィア。国会、検察、警察、官公庁、企業もすべて」――で宣言されるドラマの狙いは『ゴッドファーザー』的マフィアもの。これまで、こんなに殺人の多いドラマはないんじゃないか？と思うほど文字通りの「血まみれ」なのだが、韓国従来の「ヤクザもの」とはぜんぜん違う。韓国的熱量でギラギラ仕掛けてくる敵に対し、ヴィンチェンツォはほとんど激することなく、優雅かつ冷酷に弄び、ご丁寧にドーナツ盤のオペラかなんかをBGMにしながら血祭りに上げてゆくのだ。

このドラマが驚きなのは、にもかかわらず、全体の印象としては爆笑コメディに仕上がっていることである。バベルグループ会長の冗談みたいな頭の悪さ、真のボスであるその兄の絵に描いたような邪悪さ、暇さえあれば「ズンバ」で踊ってる顧問弁護士などのバベル側はもちろんだが、何が最高って、「クムガプラザ」の面々だ。ドラマの始まりでは単なる「市井の小市民」だった彼らは、大ピンチが訪れるたびに「元極道」「ボクシングの元チャンプ」「レスリングの国家代表」「凄腕ハッカー」など、「それどー考えても後から作った設定だろ！」とツッコミたくなる正体を、ひとりまたひとりと開陳してゆく。さらに、そうしたキャラクター自身に「これがドラマだったら非難殺到だろ」「必殺仕事人多すぎだろ」等と、いけしゃあしゃあと言わせたりする。

その図々しさにはもはや笑うしかない。『愛の不時着』『梨泰院クラス』のパロディやら、出演者オク・テギョンの所属アイドルグループ「2PM」メンバーの特別出演やら、何の脈絡もなく挟まれるモノマネ芸やら、そういうのがいちいち楽しくなってくると、「ソウルのど真ん中で銃撃戦か！」「インターポールが出てくるか！」「こいつ簡単に逮捕できるし！」みたいな物語のリアリティにツッコむのが野暮に思えてくる。前振りされた小ネタが回収されるのを「キター――！」と笑うほうがよっぽど楽しい。

だが、観客にそう思わせるのは簡単ではない。そこにこそ、ソン・ジュンギの存在が効いているように思う。ベタベタな韓国の世界に垢抜けた洗練を与え、血まみれの残酷をさらりとした演技で中和し、マンガのアホさをスマートな笑いに変える。そしてソン・ジュンギが演じることで、ヴィンチェンツォの「スレギ（クズ）」ぶりも受け入れられる。ヴィンチェンツォは最初から最後まで「正義」ではなく、途中で立てたある誓いもあっさり反故《ほご》にする「スレギ中のスレギ」なのだ。そして、そのスレギがバッサバッサと痛快にぶったぎる「薬物」「再開発と立ち退き問題」「労働争議」「検察の腐敗」などは、昨今の韓国で多くの一般庶民が苦しめられている社会問題なのである。

©SBS / U-NEXT にて配信中

熱血司祭

「（権力者と金持ちの）全員がマフィア」な場所に突如あらわれたさすらいの主人公が、弱者のためにひとり闘う「父親のような存在」を悪党たちに殺され、善人であるがゆえに負けた「父」に成り代わり、笑い多めに悪を成敗する……と言えば、ネットフリックス（ｔｖＮ）で大ヒットした『ヴィンチェンツォ』を思い出す人が多いと思うが、これはその前年に地上波ＳＢＳで大ヒットした『熱血司祭』の話でもある。『ヴィンチェンツォ』と同じ脚本家パク・ジェボムによる痛快アクションコメディだ。

ヘイル（キム・ナムギル、『サメ〜愛の黙示録』）は弱い者いじめや搾取を見ると頭にきて、つい手が出

열혈사제

てしまうキレやすい神父だ。神職にあるまじき態度ゆえに地方の教区を追放された彼は、恩人のイ神父がいる都心のクダム聖堂に預けられる。だがクダム区は警察、検察、政治家、実業家、ヤクザのすべてが不正な利益供与でつながり、悪がこれ以上ないほどにはびこる街だった。そしてイ神父は、彼らに抵抗した末に殺され、警察に「自殺」と処理されてしまう。ところが「ある超VIPの鶴の一声」（これがそもそも笑ってしまうのだが）で一転、再捜査の機会を得た神父は、警察にあてがわれた「もっとも無能な刑事」デヨン（キム・ソンギュン、『応答せよ1988』）とともに真相を追う。

ふたつの作品は、マンガチックな演出、他ドラマのパロディ、アニメの使い方などのディテールはもちろん、物語やキャラクターも似ている。別の正体を持つ主人公、悪党たちが地下金庫に隠す1500億ウォン（金額まで同じ）の奪いあい、野心的で豪快なヒロインの大食いっぷり、裏切りや寝返りで入り乱れる敵味方、韓国人が無理めに演じる外国人キャラなど、いちいちそっくりだ。とくに後半、虐げられていた弱者たちが次々と思わぬ特技を披露する（『ヴィンチェンツォ』を観た人にはわかる）「インザーギ」な展開は、「んなワケあるかーい！とツッコミつつも爆笑」という反応も込みで、『ヴィンチェンツォ』そのまんまである。

だが、それでも両作品それぞれを楽しめるのは、主演のふたり――キム・ナムギルとソン・ジュンギの持ち味が、作品を正反対に仕上げているからだろう。「情熱を秘めた影のある男」も

「コテコテのコメディ」も達者に演じるキム・ナムギルは、この役ではその両方を自在に行き来しながら、ベタな笑いと熱さで思い切り楽しませてくれる。超絶バランスの細身で、黒ずくめの祭服とロングコートを翻しながらのアクションシーンは『マトリックス』のキアヌ・リーブスを彷彿とさせるカッコよさだ。『ヴィンチェンツォ』では主人公の華麗なる冷酷をオペラが演出したが、『熱血司祭』ではガンガンかかるロックとラップでテンションはアゲアゲである。

あくまで2作品のみの比較でいえば、『熱血司祭』は物語としてのほどほどのリアリティを押さえながらの痛快な勧善懲悪コメディで、『ヴィンチェンツォ』がリアリティそっちのけの悪ノリと破綻さえ魅力に変えるピカレスク・コメディ、という感じだろうか。『熱血司祭』は地上波放送で、かつ主人公が神職であるために、『ヴィンチェンツォ』のような残虐な描写と死屍累々の展開にはならず刺激は少ないが、その分、相棒役のキム・ソンギュンが、がっつりとかつベタに笑わせてくれる。

おそらく『熱血司祭』の成功がなければ『ヴィンチェンツォ』もなかっただろう。『ヴィンチェンツォ』は「ウチでも『熱血司祭』がやりたい。主人公をマフィアにしてお金をかけて、ゴージャスに過激にハジけたヤツを」みたいなオファーで生まれたんじゃないだろうか（単なる想像ですが）。あるドラマが大ヒットすると、似たような設定、似たようなジャンルの作品が臆面もなく続々と作られるのは韓国ドラマではよくあることだ。私はそれをぜんぜん悪いとは思っていない。パクってハズせば、パクらずハズした作品以上にケチョンケチョンにされるから、それはそれで勇気のいることだし、もし元ネタとは別の面白さを創造できているなら、それはそれで素晴らしい。ましてや、この2作品は作家が同じだ。パク・ジェボム作家は『熱血司祭』でできなかったことを『ヴィンチェンツォ』でやり、『ヴィンチェンツォ』をやってみて『熱血司祭』だからこそできた面白さにも気づいたに違いない。「続編あるぜ！」なラストの両作品、これだけ似ているとほぼ同時進行でシリーズ化するのはハードルも高いだろうが、それぞれどんな方向に持っていくのか楽しみでもある。

　文字数が尽きてきたが、最後に「全員マフィア」の世界にも触れておきたい。ドラマの中で悪の巣窟として描かれるクラブ「ライジング・ムーン」は、いわゆる「スンリゲート事件」の舞台となった「バーニング・サン」がモデルだろう。人気アイドルグループBIG BANGのＶ・Ｉ・ことスンリが、江南《カンナム》のクラブで薬物や性接待による企業ロビー活動をしていたという事件は、芸能界、企業、マスコミ、警察の癒着、さらに性行為の盗撮とその映像をＳＮＳで共有した男性芸能人が何人も引退するなど、とんでもない規模に発展した。このニュースをすっぱ抜いたのは、誰あろうＳＢＳ傘下の衛星局「ＳＢＳ　ｆｕｎＥ」の女性記者だ。ＳＢＳは『熱血司祭』の大ヒットとあわせて、このネタでふたつの大金星を挙げたといえるかもしれない。

©SBS / U-NEXT にて配信中

ストーブリーグ

스토브리그

2019年の「百想芸術大賞」は、ドラマ部門作品賞が大激戦だった。日本で大ヒットを記録した『愛の不時着』『梨泰院クラス』を筆頭に、韓国でその2作品を凌駕する評価を得た『椿の花咲く頃』（大賞を受賞）、さらに欧米で大ヒットした『キングダム』など、ずらりと並ぶ候補作の中で、作品賞を獲得したのがこの『ストーブリーグ』だ。華やかな韓流スターの出演もなくラブラインもない、プロ野球チームの「ストーブリーグ」――つまりシーズンオフの話である。

物語は万年最下位のチーム「ドリームス」のシーズン最後の試合から始まる。相手チームが大量リードするなか、監督が勝負をあきらめ、コーチたちはそれに苛立ち、グラウンドでは内野も外野もエラーしまくりで、観客は席を立ち、しまいには試合そっちのけで仲間どうしの乱闘が始まり――そんなチームの新たなゼネラルマネージャー（GM）に就任したのが、主人公スンス（ナムグン・ミン、『キム課長とソ理事～Bravo! Your Life』）である。

スンスはこれまでも、さまざまなプロスポーツチームを率い優勝させてきた実績があるのだが、野球の経験はまったくない。フロント連中は「野球のことを何も知らないくせに」とナメてかかるが、着任早々チームで一番人気だが傲慢な4番バッターを放出、交換ドラフトで球界の誰もが尊敬するナンバーワン投手を獲得する。チームの全員がびっくり仰天、同時にザワザワし始める。穏やかだが有無を言わせない口調と、奥のほうでぜんぜん笑ってないタレ目で、「今後もチームのためになるなら何でもするし、邪魔になるものは切り捨てます」と宣言したからである。

ドラマが描くのは「チームの立て直し」で、大泉洋主演の日本のドラマ『ノーサイド・ゲーム』に似た印象がある。だが同作品は実業団チームで、再建に際して会社員の大泉GMが掲げるのは昭和的な「経営」と「理念（夢）」である。チームメイト、会社、地域は家族のような絆で結ばれ、心をひとつに夢に向かってゆく。チームの快進撃が始まり、「俺たちはまだまだ終わっちゃいない」という男泣きとともに、ドラマが盛り上がるのだ。

一方『ストーブリーグ』の舞台は、最下位とはいえプロ野球のチームだ。選手たちは野球だけで食っているがゆえに、東京五輪に際して日本の政治家が散々ほざいた「仲間との絆」「スポーツで勇気と感動を」「夢をもう一度見たい！」みたいな美辞麗句では誰も丸め込まれてくれない。さらにオーナー企業も、採算のとれない「夢」に賭けてなどいない。オーナーの甥で球団社長のギョンミン（オ・ジョンセ、『椿の花咲く頃』）は、廃部がファンの不買運動につながらないタイミングを図りながら、強化策を妨害してくるのだ。そうしたリアルでシビアな両面作戦を、ギリギリの低空飛行でスンスGMは乗り切っていく。よそ者ゆえの大胆さと、感情や私情に流されないスーパードライな変人ぶりで、古い慣習としがらみをぶった切ってゆく様が、なにしろ痛快なのだ。

GM就任前にスンスが指摘する、ドリームスのもっとも深刻な問題が印象的だ。いわく「全員がチームを強くしたいと思っていないこと」。私の頭に思い浮かんだのは、電機メーカー東芝の凋落である。大きな組織において全員が同じ目標を持つのは難しいのだろうが、少なくとも「会社を良くしたい」「会社の業績を上げたい」というように同じ方向さえ向いていれば、ああはならなかったのではないか。同期のあいつに負けるわけにいかないとか、数字の操作で表面的な業績を維持するとか、明らかな上の誤りを正せないとか、硬直した慣習に異を唱えられないとか……内側の常識やしがらみばかりにとらわれているうちに、本来の目的は完全に忘れ去られ、組織そのものが崩壊寸前なことにも気づかない。「ドリームス」はまさにそういう状況だったのだ。

それゆえに、チーム内に「わがもの顔の権力者」として君臨し、自由な空気を萎縮させる人間

――あいさつ代わりにマウンティングして縦社会序列を強い、地位にあぐらをかいて「俺を切れるもんなら切ってみな」てな具合の連中――を、スンスは容赦なくスパッ！と切ってゆく。もちろん彼らは外の世界から、濃ゆい憎しみをたぎらせ、時には暴力をもって粘着な攻撃を仕掛けてくる。組織内部に残った「兄貴のタマはオレが取り返す」みたいな子分の妨害工作もある。だが、彼のもとで解放され成長を遂げた部下たちがスンスの闘いを支えてゆく。そして最終的には、敵だった人間すらも「強いチームを作りたい」という彼の仲間になってゆくのだ。

そして本当に驚くべきは、勝負をかけた試合がひとつも描かれないことだ（選手を試す場としての練習試合はある）。ドラマは、「勝利の感動と興奮」や「敗北の苦さ」といったスポ根的な精神論で感動させようとは思っていない。チームはあくまで人間としての信頼と敬意でひとつにまとまってゆき、目標の達成はその先に見えてくる。視聴者はそこにこそ感動する。ドラマは決して従来の「スポーツもの」ではない。いや、これこそが21世紀の「スポーツもの」なのかもしれない。

最後に俳優に触れておきたい。主演のナムグン・ミンは派手さはないが、この数年であっという間に視聴率俳優となったスターだ。球団社長を演じるオ・ジョンセは、いまや引っ張りだこのスーパーサブ。『椿の花咲く頃』に続く「まぬけワル」的なキャラクターは、実は父権主義社会の被害者の側面もある。両者とも、主演ヨシ脇ヨシ悪役ヨシ、コメディでもシリアスでもヨシという素晴らしい俳優だ。ふたりの演技だけでもお釣りが来る名作である。

韓ドラこぼれ話

プロダクトプレイスメント（PPL）

ドラマの最中にCMが入るのを嫌う韓国では、ドラマに商品を登場させる「プロダクト・プレイスメント（PPL）」がさかんだ。たとえば『スタートアップ：夢の扉』では、ヒロインの起業記念に祖母がディオールのバッグをプレゼントする。一概には言えないが、祖母の仕事は軽食の屋台だし、ディオールのバッグはちと高い気が……まあ要するに、演じる俳優ペ・スジがディオールのアンバサダーなのだ。

なんのタイミングだったのか、ある時期はあらゆるドラマがサンドウィッチの「サブウェイ」だらけだったときもある。朝ごはん、ランチ、残業メシはいいとしても、企業の重要なミーティングとか刑事の捜査会議的なものとかまでサブウェイでやっていたりする。またあるときは、あらゆるドラマの登場人物が「ダイソンの掃除機」で唐突に掃除を始める。コーヒーメーカー「ネスプレッソ」のときには、カートリッジのセットから、コーヒーが入って、人物がひと口飲んで「ああ、ほっとする」とか言うまでを映像がきっちりと押さえていた。最近はコーヒーキャンディ「KOPIKO」だ。『Mine』では、キム・ソヒョンが「疲れたときは甘いもの」とか言いながら口に入れていた。もちろん次のカットでは、口の中に飴はない。

実は、行き過ぎたPPLも禁じられているが、それほんまかいなと思うほど、どれもこれもわざとらしく展開している。だがそれが逆に面白いツッコミどころで、私個人は案外嫌いではない。KOPIKOなんて、今度韓国に行ったら絶対に買うと思う。少なくとも、ドラマをぶった切ってCMがねじ込まれるよりずっといい。ちなみにドラマ『恋愛体質～30歳になれば大丈夫』では、主人公のひとりが商品PRを担当しており、ドラマの撮影現場で商品は何秒間映す契約とか、女優に持ってもらわないと困るとか、演出側との命がけの押し引きも描かれていて面白い。

3章

女性の強さとともに弱さも肯定する、
いまの時代のフェミニズム系ドラマ

#MeTooが世界的に広がったのは2017年、ハリウッドのプロデューサー、ハーヴィー・ワインスタインのセクハラ報道がきっかけだが、韓国ではそれ以前から同様の動きが始まっていた。大きな動きになったきっかけも1年先んじている。『82年生まれ、キム・ジヨン』がベストセラーになったその年、地下鉄の江南《カンナム》駅付近で女性を狙った殺人事件が発生し、裁判所がこれをヘイトクライムと認めなかったことで女性たちの怒りに火がついたのだ。韓国ドラマのすごいところは、そうした動きをいち早く取り入れることだ。とくに2016年以降の作品にはフェミニズム的要素が色濃く反映されている。ちなみに、この本で「女優」という言葉を極力使っていないのは、韓国では「俳優の副次的なイメージ」として使われなくなっているからだ。
素晴らしいのは「フェミニズム＝強い女」という理解にとどまっていないこと。フェミニズムは「イヤだ」と主張できない女性に苛立ち、主張を強いるものではない。ぜひそのあたりにも注目してもらえたらと思う。

© moon hee / Netflix シリーズ「椿の花咲く頃」Netflix で独占配信中

椿の花咲く頃

동백꽃 필 무렵

韓国ドラマの紹介は「ジャンル」の切り口で書くことが多い。時代劇→『トンイ』、サスペンス→『ウォッチャー〜不正捜査官たちの真実』、ラブコメ→『キム秘書はいったい、なぜ?』、泣ける親子もの→『応答せよ1988』と、ほとんどがそれなりに収まるのだが、『椿の花咲く頃』はなかなかに難しい。サスペンスだし、ラブコメだし、泣ける親子もので、さらには人情喜劇とも言え、「これ」と言い切れない。言い切れることがあるとすれば、「めちゃめちゃ面白い」ってことである。

舞台は海辺の地方都市、名物のケジャン（ワタリガニ）の店が並ぶ一角である。コン・ヒョジン

（『最高の愛』）演じる主人公ドンベク（椿の意味）はそこに越してきた未婚のシングルマザーなのだが、その登場シーンがコテコテである。引っ越し荷物を運び入れるドンベクはTシャツにデニム姿で、スラリと背が高い。風に吹かれて帽子が飛び、長い髪をかきあげると、このあたりでは見かけない垢抜けた美人だ。通りの男たちは思わずポワーンと口をあけて見惚れ、自転車は衝突するわ、唐辛子散らかすわ、水のホースは踊るわの「んなバカな」な混乱である。一方、「たいした美人じゃないね」と警戒スイッチが入ったおばちゃんたちは、乳母車を見て「オンマ（母親）じゃないの」とひと安心。だが、花屋だと思っていた彼女の店「カメリア（椿）」が飲み屋だとわかり、さらに未婚の母だと知って完全な臨戦態勢に。唯一の味方はケジャン通り振興会の会長ドクソン（コ・ドゥシム、『ディア・マイ・フレンズ』）で、ドンベクの息子ピルグを孫のように可愛がってくれる。だが、警察官の息子ヨンシク（カン・ハヌル、『麗〈レイ〉〜花萌ゆる8人の皇子たち』）がドンベクにベタ惚れだと知れば、思いは複雑だ。

このドラマが独特なのは、そうしたベタな人情モノが展開する裏で、未解決の連続殺人事件が起こっていることだ。実はドンベクは、その犯人「ジョーカー」に襲われながら生き延びた唯一のサバイバーなのだが、ドラマの初回冒頭では彼女と同じブレスレットをした女性の遺体が発見されている。その前振りの不気味さをひとまずお構いなしで、ドラマは町の小さないざこざを笑いと涙で描いていく。田舎の兄ちゃん丸出しのいい人ぶりが逆に怪しいヨンシク、「オッパ（兄）

だと思っていいんだぜ」と申し出てはことごとく袖にされスネる地元名士ギュテ（オ・ジョンセ）、夫ギュテとの離婚を目論みその行動パターンを全把握するエリート弁護士妻（ヨム・ヘラン）、ドンベクを捨てながら認知症を装って世話になりに来る実母（イ・ジョンウン）、ドンベクに嫉妬し意地悪する「ケジャン店アジュンマ（おばさん）連合」。そして、未練タラタラで近づいてくる実の父親（キム・ジソク）に対し、ちっちゃい体で「母さんを守る！」と立ちはだかり、同時にすごく傷ついてもいる息子ピルグ。バカバカしくも平和で、時に泣けてしょうがない世界なのだが、その途中にも「覚えてます？」という感じで「死体の風景」が挟まれるのだ。

それでいて、作品は決しておどろおどろしくはならない。悪を嗅ぎつける天才のヨンシクが、本で仕入れた犯罪学の知識と地元ネットワークを駆使して真相に迫る姿は「田舎のシャーロック・ホームズ」的面白さだ。恋するヨンシクは「僕がドンベクさんを守る」と思っているが、ドンベクはそんなヨンシクを「この人、軽くキモいかも……」と思っているところも可笑しい。ドンベクはいじめられれば泣き、「不幸な女」と自分を卑下し、常に「……」と語尾を濁しながら生きてきた女性ではあるが、男に守られたいと思ってはいない。彼女はやがて町のコミュニティ――とくに「ケジャン店アジュンマ連合」のシスターフッドに支えられ、「やる気なら、全人生賭けてかかってきな」と敵と対峙する女性へと変貌していくのである。

幼いころに親に捨てられ、父親のいない子どもを産み、ふしだらな未婚の母と蔑まれ、貧しく、何をしてもいい水商売の女として軽んじられるドンベクは、韓国社会における弱者の要素ほぼ全部盛りの女性だ。最終話まで見て振り返ると、ドラマはドンベクがそのすべてになんらかの形でケリをつけてゆく物語だったことに気づくはずだ。そしてヨンシクは、そんなドンベクにさらに惚れなおす。「お前は強いから、もうオレなんていらないだろ」なんてクソみたいなことは決して言わないのだ。まさにいまの時代である。

「ドンベクさん、好きです」「知ってます。町中の人が知ってます」みたいなふたりのやりとりもいちいち可笑しい。百想芸術大賞で男性演技賞を獲得したカン・ハヌルのまっすぐすぎるヨンシクは決して嫌いになれないし、自己評価が低く幸薄く、なのに好感度抜群のヒロインは、主演女優コン・ヒョジンのもはや名人芸である。『ストーブリーグ』のオ・ジョンセ、『愛の不時着』のキム・ソニョン、映画『パラサイト 半地下の家族』のイ・ジョンウン、『ライブ』のヨム・ヘラン、『推奴〜チュノ』のキム・ジソク、『今週妻が浮気します』のキム・ガンフン……この人見たことある！ という名脇役たちが数え切れない爆笑と号泣をくれる。ここぞ！ という勝負のタイミングにかかるトロット（韓国演歌）風の劇伴も最高だ。「ジョーカー」以外の悪人がいない、最初から最後まで面白く痛快な作品である。

ミスティ　～愛の真実～

セクハラ発言で炎上した日本の政治家などオジサンたちが「褒めたのに」「愛情表現だ」「冗談だった」とか言っているのを聞くと、さすがジェンダーギャップ指数が先進国ダントツでビリの国！　と妙な納得をしてしまう。『82年生まれ、キム・ジヨン』以降、韓国は「#MeTooの国」という印象があるが、同指数の国際的な順位は日本の120位に対して102位。ものすごく進んでいるとは言いがたいが、たとえば「国政選挙の比例区では奇数順位は女性」というように、制度が現実と意識をリードしており、10年もすれば日本は周回遅れになるだろう。そういう状況下でフェミニズムの色合いを帯びたド

미스티

ラマも増加しているわけだが、中でもバリバリの超エリート女性を主人公にした作品が『ミスティ〜愛の真実』である。

主人公コ・ヘラン（キム・ナムジュ、『棚ぼたのあなた』）は大手テレビ局の人気キャスターで、美しさと優秀さ、そして豪腕な女王ぶりと土壇場の勝負師ぶりで知られる人物だ。アンカーを務める看板番組「ニュース9」は7年目で世代交代が囁かれるが、それもある大スター——突如全米トッププロに躍り出た謎の韓国系ゴルファー、ケビン・リー（コ・ジュン、『熱血司祭』）の独占取材を実現することで、ギリギリ踏みとどまった。だがその1か月後、ケビンが不審な事故死を遂げ、ヘランは重要参考人になってしまう。かつて無名だったころ、ふたりは夫婦同然の恋人どうしだったのだ。

物語はケビンの不審死の真相を追いながら、同時にヘランの過去をさかのぼってゆく。前半は「ヘラン強烈伝説」のオンパレードだ。自身の成功のために「つきあう価値がない」ケビンを捨て、乗り換えた相手は最高裁判事を父に持つエリート検事テウク（チ・ジニ、『ムーブ・トゥ・ヘブン：私は遺品整理士です』）。彼の「僕の家柄を利用すればいい」というプロポーズをいいことに、愛のない結婚をする。中途半端な後輩は容赦なく潰し、陰口や嫉妬もモノともせず、アンカーに上り詰めたのだ。だがよく考えてみると、同じようなことをして地位を得る男性たちは山ほどいるし、彼らのそうした行動をあげつらって悪く言う人間はほとんどいない。

一方で、ヘランが女性だから味わってきた辛酸は山ほどある。「美しさを武器に成功すること」をヘランに言い聞かせた実母は、「顔がむくむから」と炭水化物を食べることを禁じた。義父はアンカーの地位を得るまで会ってもくれず、義母は排卵日ごとに漢方薬を持って家を訪れる。男たちは「コ・ヘランのくびれがたまらない」と下卑た笑いを浮かべ、いくら視聴率を取っても出世は部長止まり。容疑者として受ける検事の取り調べは体のいいセクハラでしかない。私がとくに興味深く見たのは、あるふたつの場面だ。ひとつは汚職をめぐる検察の会見で、若き日の記者ヘランだけが執拗に追及する場面。「空気を読まずに質問しまくり、注意しても聞かない」という周囲の男たちの嘲笑と苛立ちも含め、東京新聞の望月衣塑子記者とそっくりである。そしてもうひとつは、権力の結託によって不法に拘束されたヘランに投げつけられる「女なんだから身の程をわきまえろ」という言葉だ。ヘランは私たちとまったく同じ世界に生きているのだ。

だがドラマは、理不尽な男社会における女性の闘いを描いたものではない。ヘランが代表するのは「女性」ではなく、権力に対峙する「ジャーナリズム」だ。彼女が「見たことのない頂点」をめざして、なりふり構わず手段選ばず突っ走ってきたのは「あらゆる権力に忖度《そんたく》しない報道」をするためである。追い詰められても、自分が木っ端微塵になるのも覚悟の上で正面突破してゆくヘランの真剣さと切実さを見てきた仲間たちは、だからこそ、たとえ彼女が大嫌いだったとしても、ある種のリスペクトを抱かずにはいられない。財閥、産業界、法曹界、マスコミ……国を意のままに動かす巨大な権力が結託してヘランを殺人犯に仕立てようとするなか、「これは明らかな言論弾圧だ」と受けて立つジャーナリストたちのなんというカッコよさ。日本ではほぼ忘れ去られているが、ジャーナリストは本来カッコいいものだし、そうあってほしい。

もちろん、このあいだにケビンの死の真相も徐々に明らかになってゆく。ケビンがヘランに仕掛けた復讐の罠、何者かによって盗まれたドライブレコーダーの映像、ヘランの後釜を狙い地方に飛ばされた後輩ジウォン（チン・ギジュ、『ここに来て抱きしめて』）、ヘランと夫の関係に嫉妬するケビンの妻ウンジョン（チョン・ヘジン、『秘密の森』シーズン2）の嘘、ヘランを執拗に追い詰める刑事ギジュン（アン・ネサン、『サバイバー：60日間の大統領』）、ヘランを常に見つめる謎の人物と、ヘランが隠し続ける高校時代に起きた別の殺人事件……絡みあう個人的感情と政治的思惑に、事件の本当の解決は最終話の最後の瞬間までもつれ込んでゆく。

そんな中でもっとも翻弄されるのは、ヘランの夫テウクだ。検察庁内の政治に嫌気がさし人権派の国選弁護人に転身したテウクは、弁護人として依頼人ヘランの無実を信じながらも、夫として妻を信じることができない。そもそもテウクは、自分をまったく愛していないことを承知で――いつかきっと自分を愛するようになってくれると信じて――ヘランを妻にしたのだ。テウクは激しく嫉妬し葛藤しながら無償の愛へ近づいてゆき、決して誰も愛さない女ヘランを変えてゆく。かつて完全な仮面夫婦だったふたりの関係の変化は、テウクの変化によってもたらされたものであり、実はその点でも多分にフェミニズム的なドラマに思える。

よくおごってくれる綺麗なお姉さん

古くはあのヒョンビンの『私の名前はキム・サムスン』に始まる「年下男子シンドローム」は、ドラマに当たり前のように「年下男子」が登場するようになって以降、そこまで盛り上がるトピックにはならなくなった——この作品が登場するまでは。この作品で大ブレイクし「国民的年下彼氏」と呼ばれるようになったのがチョン・ヘイン（『あなたが眠っている間に』）、タイトルの「よくおごってくれる綺麗なお姉さん」役は、あのソン・イェジン（『愛の不時着』）である。

物語の主人公は35歳のジナ。仕事でも常に貧乏くじを引き、親には「結婚しろ」と急かされているの

밥 잘 사주는 예쁜 누나

に、恋人と若い女との浮気が発覚……という八方塞がりの状況にある。そんな彼女の前に不意にあらわれたのが、アメリカから帰国した幼馴染みで親友の弟ジュニ。ことあるごとに「ヌナ（お姉さん）、ご飯をおごって」と誘われる（タカられる？）うち、ふたりはつきあうようになる。ドラマの前半の見どころはこのふたりの、あまりにナチュラルな、もしかしてこのふたりはホントにつきあっているのでは……⁉と思いたくなるほどのイチャイチャぶりである。

私は基本的に恋愛モノにあまり興味がないタイプだし、イチャイチャも求めていないのだが――いや、どうなんだろう、このジュニのかわいさは。ふたりの職場は同じビルに入っているのだが、朝は迎えに来てくれて一緒に会社に行き、仕事帰りにご飯を一緒に食べて、それぞれの家に帰ってもずーっと電話して、ジナの出張にジュニがこっそりついてきて――そういったなんやかやがぜーんぶ周囲に秘密という、そこらあたりもオールインクルードで恋愛の楽しいところ全部盛り、気がつけばニヤけているじゃないか！　この私が！

ジュニのキャラクター造形も年下男子として申し分ない。ちょっと生意気で、「俺にベタ惚れだなあ」と言いつつ自分がベタ惚れで、たまにやらかして叱られる姿には「子犬か！」とツッコみたくなるし、年上女性に向かって「かわいい、かわいい」と連発してるお前がかわいいわ！と言いたくなる。そもそもチョン・ヘインの必殺技であるトロけちゃう笑顔とか、つるつる美肌とか、なのにしっかりと鍛え上げた身体とか、そういったものを差し引いても相当なかわいさだ。

これで28歳だなんて、韓国男子のなんという恐ろしさ。

だがこのドラマの真の狙いは、おそらく別のところにある。要領も察しもいいほうではなく、断固とした態度もとれないジナは会社で格好のセクハラの標的にされているのだ。幼いころから一緒のジュニには言いたい放題、自分のまんまでいられるジナだが、それ以外の男性にははっきりとものが言えない。何か言われると「自分が悪いのかも」と思ってしまい、それゆえに思い切り付け込まれてしまう。浮気して別れた元恋人がストーカー化しても「大ごとにしたくない」と警察に届けないし、会社でセクハラの受け皿にされても困った笑顔でやりすごすだけ。カラオケに行けばタンバリン持たされて上司に腰を抱かれるというパターンにハマってしまうため、女子社員からも「ユン・タンバリン」と嘲笑されているのだ。

このドラマはある種の「リトマス試験紙」のようなものだ。はっきりものの言えないジナにイライラして途中離脱してしまう人がけっこういるのである。私はここに、フェミニズムにおける女性の断絶を見てしまう。「はっきりものが言える女性」「学歴もキャリアもある女性」は、そうできない女性たちにどこか冷たい。もちろんジナだって強くありたいと望んでいるのだが、そうできない女性も「そうできない女性のまま」で、貧乏くじを引かない社会にすることにこそ、フェミニズムの到達点があるべきなんじゃないか――なんてことをドラマは思わせる。

本作に限らず、韓国ドラマはこうした社会的切り口を個人に引き寄せて描くのが本当にうまい。

ジュニとの恋愛、もっと言えばジュニに大切に大切に愛されることで、ジナは自分を肯定する方法を見つけてゆく。そして、やがては会社内で孤立しながらセクハラに立ち向かい始めるのだ。うまいなあと思うのは、このドラマにものすごく雨のシーンが多いこと。タイトルロールでも、街灯の黄色い光が照らす小さな路地を、一本の赤い傘の下で肩を寄せながら歩く場面が象徴的に使われている。ドラマの中でふたりは互いに傘をプレゼントしあう。自己肯定感の低いジナと両親がいないジュニ、ずーっと雨降りの人生だったふたりは、ようやく互いの傘になってくれる人を見つけたのである。

ドラマが完全なハッピーエンドとはいかない点も、私はリアルに見た。幼馴染みのジュニをあんなにかわいがっていたジナの母親は、子どもを捨てて好き放題に生きるジュニ姉弟の父親を嫌っているし、そうした家庭環境のジュニを「娘の結婚相手にはしたくない」と判断する程度には蔑んでいる。そうした人物が「ラストの大団円」のためにコロリと変わってしまうわざとらしさを、私個人はまったく求めていない。現実を見ても、解決せぬまま生きていかなければいけないことだらけなのだ。そういう部分にも、イケメンとのイチャイチャをポワーンと楽しんだ後に残る、このドラマの志が感じられる。

大丈夫、愛だ

韓国ドラマに馴染みのない人の中には、登場する男性は「絵に描いたような王子様ばかり」と思っている人もまだ多いようだ。それについてかならずしも否定はしないが、そうでないドラマも意外とある。近年では「王子様」の定義も激変している。たとえば『愛の不時着』のリ・ジョンヒョクは、北朝鮮でこそユン・セリを守ることができたが、韓国ではさほど役に立たないし、彼女のためにすべてを捨ててはくれない。だがそもそもセリがそんなことを求めない。ジョンヒョクは、イーブンな関係を求めるいまの時代の女性には理想的だ。『大丈夫、愛だ』のジェヨルもそんなキャラクターに思える——ジョン

괜찮아, 사랑이야

ヒョクよりは、ちょっとややこしいが。

物語が描くのは、精神科医ヘス（コン・ヒョジン、『椿の花咲く頃』）と人気イケメン作家ジェヨル（チョ・インソン、『その冬、風が吹く』）の恋である。ヘスは恋愛に超潔癖で、女たらしと評判で自信満々なジェヨルの第一印象は最悪だ。そんな相手が、ヘスが友人ふたりと暮らす一軒家の空き部屋に越してくる。実はその物件はジェヨルの所有で、彼は自分にまったくなびかないヘスに興味を抱いたのだ。ヘスは猛反発するが、「嫌なら3人とも出ていって」と言われれば背に腹は代えられない。そこから先輩医師のドンミン（ソン・ドンイル、『応答せよ』シリーズ）、その患者でトゥレット症候群のスグァン（イ・グァンス、『ライブ』）と4人の同居生活が始まる。

登場人物はみな、なんらかの「病名」を持っている。たとえばヘスは「不安障害」と「回避性パーソナリティ障害」だ。これが医学的に正確かどうかは私の知識では判断できないが、ともあれ彼女は、不倫していた母への嫌悪感から、恋人に触れられると身体が硬直しパニックにおちいってしまう。一方のジェヨルは「強迫性障害」で、子ども時代に暴力を振るう義父から隠れるための場所だった風呂場やトイレでしか熟睡できない。「イケメンで自信満々な女たらし」は彼の一面でしかなく、多くはヘスの偏見だったのだ。

初めて4人で飲みに行ったときに交わされる「セックスの多様性」についての会話は印象的だ。「セックスに手錠を使うのは変態か？」という問いに、ふたりの精神科医は「医師の意見としては正常」と答える。ジェヨルはそこに、こう付け加えるのだ。「同意を得たかどうかも問題。拒まれてもやれば変態」。個人的には「変態」じゃなく「犯罪」と言いたいが、ドラマ放送の2014年時点でこう言える男性に、潔癖なヘスがグッとくるのは理解できる。『ライブ』（→196ページ）同様に、ノ・ヒギョン作家のドラマにはフェミニズム的視点がかならずある。

やがてつきあい始めたふたりが、「嫌なら何もしない」という約束で出かけた沖縄旅行では、その視点がさらに明確だ。人気作家でリッチなジェヨルは「代金は僕が出す」とゴージャスなホテルに泊まろうとするが、ヘスはこれを敢然と拒否して言う。「私も働いているんだからお金は出す。金銭的、精神的に男性に頼る女にはなりたくないし、男性は〝金づる〟じゃない」。

スネまくるジェヨルが、飲み屋の会計すら「割り勘で！」と言いだすのが可笑しいのだが、ふたりの関係がここでまた少し変質するのが興味深い。ここまでのジェヨルは「女性を無条件に受け入れ、守るのが〝男らしさ〟」と思っているのだが、これ以降は「イーブンな関係」を求めはじめる。「私が触っていいと思ったときだけ触っていい」と言いながら、自分は好き放題にジェヨルに触るヘスに対して「君だけが自由に触れるのは不公平。君がすることは僕もする」と言いだすのだ。この攻防がなかなか笑えるのだが、ジェヨルの言い分は至極まっとうでもある。

ヘスが精神科医ということもあり、ほとんどの登場人物はさまざまなトラウマや葛藤、心の傷を抱えている。ヘスの父親は車いす生活だし、ジェヨルの兄は義父を殺害した罪で刑務所に入っている。スグァンの恋の相手ソニョ（イ・ソンギョン、『恋のゴールドメダル〜僕が恋したキム・ボクジュ』）は行動障害で、ジェヨルをストーカーレベルで追う熱烈なファン、ガンウ（ド・ギョンス、『100日の郎君様』）は父親のDVに苦しんでいる。描かれているのはまさに世界の多様さで、うまくやっていくには、ぶつかりあいながらも自己の思いを伝えてゆくしかない。

ややこしい二人組ジェヨルとヘスの関係はまさにそのもので、とくにヘスの無茶苦茶っぷり、天の邪鬼ぶりを見ると、女性の私でも「ジェヨルすげえ」と思うのだが、ラストに向けて、それこそがジェヨルの病理でもあったのだとわかってくる。男性であれ女性であれ、人間が泣きたいときに泣き、怒りたいときに怒ることができないのは、そんな自分が「無様だ」「惨めだ」と思ってしまうからだ。そうした姿をどこまで相手に見せられるか、そしてそれをどこまで受け入れられるか——「愛が試される」とはそういうことなのかもしれない。そして実は、ドラマの大詰めで試され、相手を守ることになるのは、常に「愛している」と言っていたジェヨルではなく、「愛してるなんて信じない。私はまだ愛していない」と答えていたヘスなのだ。

韓国人は詩が好きで、ドラマにもしばしば登場する。このドラマではト・ジョンファンという詩人の「揺れながら咲く花」という詩が印象的だ。一度も揺れずに咲いた花がないように、揺らがずに成就する愛はない。最後の数話は間違いなく号泣しっぱなしである。またもコン・ヒョジンにやられてしまった。

Netflix シリーズ「ハイエナ―弁護士たちの生存ゲーム―」Netflix で独占配信中

ハイエナ
―弁護士たちの生存ゲーム―

キム・ヘスは日本ではあまり知られていない大物スターだ。私が彼女を初めて知ったドラマ『愛の群像』(ペ・ヨンジュン主演)では、「まっすぐで純粋で色っぽい」という型通りの若い女性を演じていたのだが、40代を超えたころからはがぜん面白い。同世代で同じセクシー系のオム・ジョンファ(『魔女の恋愛』)が常に「男と対の女」であるのに対し、キム・ヘスのイメージは「タフでセクシーな孤高の姐さん」である。甘い恋愛ものよりは、カラッと笑い飛ばすコメディやハードな社会派といった作品が多く、演じる役は骨太で頑固でワケありで男に甘えない。『ハイエナ』で演じた主人公クムジャは、あ

하이에나

の手この手で勝訴をもぎ取る凄腕弁護士にしてDVサバイバーである。

物語は、もうひとりの主人公ヒジェ（チュ・ジフン、『キングダム』）との出会いから始まる。ヒジェは大手弁護士事務所「ソン&キム（S&K）」のエース弁護士で、現在は財閥企業「イシュム」の後継者チャノと妻との離婚裁判を担当中。ヒジェはそこにあらわれた妻側の代理人のクムジャに驚愕する。つい最近出会い、ここ1か月彼が「理想の女性」として夢中になっていた相手だったのだ。クムジャはヒジェを調べ上げてハニートラップを仕掛け、その裁判資料を盗み見ていたのである。手ひどい失恋&裁判の敗北でキレたヒジェは、なんとかクムジャをギャフンと言わせようと勝負を仕掛けては撃破され、挙げ句に上得意のチャノをクムジャに奪われ、S&Kでの地位はガタ落ちである。

ヒジェは法曹界の名門家庭に生まれ、自身もソウル大学主席の超エリートお坊ちゃまだ。彼が目標とするS&Kの代表ソン・ピルジュ（オ・ギョンヨン、『ミスティ～愛の真実』）は政財界、法曹界に大きな影響力をもつ人物だ。会長とバカ息子チャノを通じてイシュムの経営にじわじわと食い込み、ヒジェの父の最高裁判事就任を後押しし、次期大統領候補への資金援助を条件に、S&Kの顧客である金持ちに有利な相続法の改正を推し進めている。このピルジュ代表がクムジャをS&Kに迎え入れることで、ドラマは面白くなってゆく。S&Kのゴールデンボーイをメッタメタにした「雑草弁護士」は、昨日の敵とも今日には手を組める節操のなさといい、目標のために手段を選ばない姿勢といい、ピルジュとまったくの同類だ。彼が見誤っているのは、「汚れ仕事をやらせたら使い捨てにできる」と思っていることである。

このあたりから、ドラマにはなんとなーくフェミな匂い、父権主義の害悪の匂いが漂いはじめる。ピルジュがクムジャを初めて紹介する事務所のパートナー（役員）会議には、彼女以外ひとりも女性がいない。チャノのあまりのバカっぷりにふたたび持ち上がるイシュムの後継者問題では、チャノのやり手の姉ヘウォンは、父である会長に「女だから」と徹底して排除される。さらにS＆Kでは、ピルジュの義妹で事務所の共同経営者であるキム・ミンジュ外しが密かに画策されてゆく。そしてクムジャの壮絶な過去が明らかにされてゆく。

ドラマのベースは弁護士もの、裁判ものの面白さだ。別のドラマで「弁護士の腕は、裁判に持ち込む前にいかに勝つかだ」というセリフがあったのだが、S＆Kの仕事はまさにそれだ。わがまま放題の財閥の管理（尻拭い）に、企業の株式上場やM＆Aを無事に成功させること、本来なら警察を呼ぶ事態で先に現場に呼ばれ善後策を考えること。闘うのは正義のためではなく、あくまで依頼人のためなのだが、その依頼人は嘘もつくし秘密も隠している。誰が相手であれ、丸ごと信じてしまえばバカを見て、真っ逆さまに転落する世界なのだ。

そういう世界で、自分以外は誰も信じず、したたかに立ちまわり、望むものを手に入れていく「絶対負けない女＝クムジャャ」が抜群にカッコいい。スマートなイマドキのタイプではない。いけ好かないヤングセレブたちのパーティーで演歌を熱唱し「ご用命よろしく〜！」なんてドブ板営業もぜんぜん平気だし、そもそもクムジャなんてお婆ちゃん世代の名前である。ド派手マニッシュかジャージにスマホの斜めがけというファッションもバッドテイストギリギリで、ひと言で言えば「変な女」である（にもかかわらず、ヒジェとのキスシーンはあまりにセクシーで話題になったのだ！　なぜなのキム・ヘス！）。だが、だからこそ敵には痛点がわからない。泥水を飲ませても飲ませても、クムジャは平気な顔をして飲み干してしまう。彼女のプライドはまったく別のところにある。多くは書かないが、DVサバイバーというキャラクターがこんなふうに描かれる作品を初めて見た。立ち直り乗り越えることとは、つまりその後の判断からその影響を排除できること、ということだろうか。彼女を守りたいヒジェに決して守らせないのもすごい。

ラスト5話ほどの面白さは抜群だ。ある事情からふたりはS&Kを追われる。震えるヒジェの手を握りしめクムジャが言う。「いま私たちにできるのは、顔を上げてここを出ていくことよ」。そして始まる猛反撃の痛快さ。粘り強い証拠集めと謎解き、その裏にある本当の狙い、敵に「やられた……」という痛恨の展開、からの大勝利。ワルたちをこてんぱんにした後、とどめを刺すように言うセリフもいちいちシビれる。ああ、ここに書いてしまいたいが、皆さんのためにぐっと我慢する。ぜひ16話を見て、スカッとしてもらいたい。

4章

バスタオルを用意したほうがいい、
100万人の号泣ドラマ

よくネットメディアで「号泣できる韓国ドラマ」という特集が組まれているが、作品ラインナップに『愛の不時着』があったりすると、正直言えば鼻白む。そりゃ確かに『不時着』だって泣ける場面はないことはない。私だって茶飲み話で「あの場面泣けたよね〜」くらいには言うかもしれないが、涙がとめどなく流れて鼻水まで出て、こりゃもうハンカチじゃ足りないよバスタオルだよというレベルまでは至らない。「号泣」っていうのはそういうことだと思う。

ここで紹介したドラマは、私がこれまで観てきた韓国ドラマの中で屈指の「号泣ドラマ」だ。決して私の個人的経験に紐付いた個人的な「泣きのツボ」なわけではなく、友人に薦めて多くの「号泣した」という言質を得た、100万人が泣ける作品である。この時代に号泣をおすすめするのは、ストレス解消になるから、そして免疫力が上がるからだ。バスタオルを用意して、思う存分泣いてもらいたい。

ディア・マイ・フレンズ

디어 마이 프렌즈

日本で広く観られている韓国ドラマは主に「ミニシリーズ」と呼ばれるもので、平日夜に週2回放送されている連続ドラマである。ここ数年、この枠でオモニ、アボジ（母父）——年齢的にはハルモニ、ハラボジ（祖母、祖父）世代——の俳優を主人公にしたドラマが作られ、ヒットを飛ばしている。『まぶしくて―私たちの輝く時間』や『ナビレラ―それでも蝶は舞う』など、いちいちいい作品が多いのだが、メインキャスト8人中7人が「アラウンド70」という『ディア・マイ・フレンズ』は、その決定版ともいえる作品だ。

ドラマの主人公にして語り部はアラフォーの作家の

ワン（コ・ヒョンジョン）。彼女の母ナンヒ（コ・ドゥシム）は夫と死別後、小さな食堂を営み、娘はもとより年老いた両親と障害を持つ弟を養ってきた女社長である。ナンヒには小学校の同窓で50年来の友人が5人いて、彼女たちにとってもワンは娘も同然。呼び出されていいように使われることもしばしばで、ワンにとってはちょっと頭の痛い存在だ。

このドラマの何が魅力的かといえば、とにかく「アラウンド70」のオモニたちのキャラクターがぶっ飛んでいて、まるっきり青春を生きていることである。父権主義社会の常識がすべてという時代を生きてきたオモニたちは、「いつ死ぬかわからない」という年齢になって、それぞれの人生の忘れ物を取り戻そうとする。たとえば、ビジネスで成功したが学歴は中卒のチュンナム（ユン・ヨジョン）は、大学入学をめざして高校生の塾に通っている。夫と死別したヒジャ（キム・ヘジャ）は遂げられなかった初恋相手との恋をやり直しはじめるし、夫の下僕のように生きてきたジョンア（ナ・ムニ）は夫に黙って家を買い、家出を決行する。年齢なりの落ち着き、思慮深さ、引け目などとは無縁で、集まっちゃあ酒を飲み言いたい放題に言いあって、昔話でケンカになっても翌日には綺麗さっぱり忘れ、互いが大変なときには強力なシスターフッドを発動して助けあう。その関係は、実は『セックス・アンド・ザ・シティ』の4人に近いかもしれない。

もちろんオモニたちは「男並みにセックスを楽しむ」わけではない。ドラマが進むうちに見えてくるのは、時代が彼女たちに強いた苦難の数々だ。彼女たちは「良き母」「良き嫁」「慎み深い女」である以前に、恋をして、夢を見て、自分のまま生きたいと願った生身の女だった——その事実が、彼女たちをいまの時代の女性たちの心情に着地させてゆく。シルバー視聴者限定のドラマではまったくない。

それを視聴者目線で理解してゆくのが主人公のワンだ。ドラマが上手いのは、彼女と元恋人ヨンハとのままならない関係を物語のど真ん中に持ってきていること。ドラマが「アラウンド70のトレンディドラマ」と言えるのは、オモニたちが（少なくとも現在においては）生活に余裕があり、身ぎれいであることだ。だが若い世代にとってさらに観やすいのは、回想として描かれるワンの恋愛が素晴らしく美しいからである。舞台は留学先のスロベニア、中世の街並みが残る海沿いの町。身長１７２㎝のコ・ヒョンジョンに対し、ヨンハ役のチョ・インソン（『大丈夫、愛だ』）はスラリと都会的な１８９㎝の長身とクラシックな顔立ちの正統派イケメン。絵のように美しい映像が多いドラマの中でも、ふたりの回想シーンは別格にドラマティックだ。

だからこそ、それが失われてしまったという事実に胸が痛む。ワンはある事情から、ヨンハのプロポーズを宙ぶらりんにしたまま韓国にひとり帰国してしまったのだ。お互いにまだ愛しあっているのもわかっているが、ヨンハの側もワンの思いをすべて理解し飲み込んでいる。常に強気な役を演じてきたコ・ヒョンジョンが、ここまで恋にボロボロになっている姿は初めて見るが、本当に胸が潰れそうになる。同じ事務所で、長年なんとなーく交際が噂されている俳優チョ・インソンが相手だからかもしれない。圧倒的にリアルなのだ。

このふたりの恋愛の障害が、ワンと母ナンヒの関係にあることで、物語はふたたびオモニの話に戻ってくる。母子家庭で一人娘のワンとナンヒは「一卵性母娘」ともいうべき強い愛憎で結ばれているのだが、その根本にはナンヒが過去に負わされた心の傷があり、それゆえに引き起こされたある事件がある。以来ワンは、母親が嫌がることを決してできない娘になってしまった。時代が女性に負わせた傷や飲み込ませた言葉は、世代を越えて女性たちを苛《さいな》んでいる。母親として、娘として、それに気づいたオモニたちは、だからこそみずからを解放しようと動きはじめるのだ。笑いと涙と心に刺さるセリフで緩急つけながら、これを描くノ・ヒギョン作家（『大丈夫、愛だ』）の脚本が恐ろしいほど上手い。日本で言えば坂元裕二（『マザー』『大豆田十和子と3人の夫』）にちょっと似た感じで、あの世界が好きな人ならきっとハマるはずだ。

主演のコ・ヒョンジョン（『善徳女王』）も大物だが、今回は彼女すらかわいく見える大物だらけだ。偏屈なハルモニを笑いで演じる安定のオスカー俳優ユン・ヨジョン（『ハウスメイド』）、世間知らずの少女のような国宝級俳優キム・ヘジャ（『まぶしくて―私たちの輝く時間』）をはじめ、ナ・ムニ（『ただ愛する仲』）、キム・ヨンオク（『海街チャチャチャ』）、コ・ドゥシム（『マイ・ディア・ミスター～私のおじさん』）、パク・ウォンスク（『皇后の品格』）……韓国ではシルバー世代の演者の層もぶ厚い。これもまた韓国ドラマの底力である。

まぶしくて

―私たちの輝く時間―

韓国の連ドラ（ミニシリーズ）で非常によく見るジャンルに、「広義のファンタジーもしくはSF」がある。「広義の」と言ったのは、タイムスリップもの、パラレルワールドもの、オカルトもの、前世もの、心霊もの、ゾンビもの、近未来ディストピアもの……など、超現実系が無数にあるからだ。さらにこれが、タイムスリップ医療もの、ゾンビ時代劇、ヴァンパイア検事もの、パラレルワールド刑事もの、お仕事系前世ラブサスペンス……とクロスジャンル化すると、イメージがぜんぜん追いつかず「それほんとに面白いの？」てな気持ちになってくるのだが、――ご安心下さい。これが面白いのが韓国ドラマのすごいところである。

눈이 부시게

大ヒットドラマ『まぶしくて―私たちの輝く時間』は、まさにそのパターンの作品だ。タイムスリップのようなパラレルワールドのようなタイムループのような設定があり、切ないホームドラマで胸キュンの恋愛もので、謎と伏線が張りめぐらされたサスペンスの匂いも漂い、若い世代の高失業率、格差社会、高齢化社会の悲しさに号泣してるうちに、これまで見たことがないような斜め上からの展開が来て、まさかの歴史もの？　なんて感じになり、ラストには涙の海ができるほど泣かされる。

「タイムほにゃらら系」の設定は、ハン・ジミン（『知ってるワイフ』）が演じる主人公ヘジャが幼いときに手に入れた「時間を巻き戻せる腕時計」によるものだ。海辺で拾ったその時計は、竜頭を回すとその分だけ時間を巻き戻せる。幼いヘジャは「あ、ちょっとやらかした！」ってときにこれで巻き戻していたのだが、面白いのは、そのくりかえしで過ごした時間の分、ヘジャだけが厳密に老化すること。それに気づいて以降、ヘジャはめったにこの時計を使っていないのだが、そういう冷静さを失わせるような非常事態が起こる。そして何時間かの巻き戻しを何十回、何百回とくりかえした末に、ヘジャは80歳のお婆ちゃんになってしまうのだ（このお婆ちゃんパートを演じるのは、『ディア・マイ・フレンズ』にも出演の韓国の国宝級俳優キム・ヘジャ。韓国ではしばしば役者の名が役名にそのまま使われる）。

物語は「見た目はハルモニ、心は25歳」という逆「名探偵コナン」状態のヘジャの日常を描いていく。突如お婆ちゃんに変わった娘を両親はまったく受け入れられない。娘の未来に期待していた母（イ・ジョンウン、『椿の花咲く頃』）は、自分をすっ飛ばして始まった軽い介護（それも娘の）のような状況に苛立ち、以前はヘジャをあんなにも愛していた父親（アン・ネサン、『ただ愛する仲』）は、もはや目も合わせてくれない。だがそれでもドラマが暗くならないのは、ヘジャが明るく、まったくへこたれない性格だからである。演じるキム・ヘジャは、ちょっと舌足らずで甘えた感じのかわいらしい声と、独特のおっとりしたお姫様のような雰囲気があるハルモニだ。20代のファッションで、ふと鏡を見ては「こんなにお婆ちゃんになっちゃって……」とシュンとし、でも持ち前の明るさでキャピキャピとはしゃぎ、我に返って「あらやだ、腰が痛い……歳とるってこういうこと？」なんて様は、みごとにかわいらしく微笑ましい。

悲しいのは、25歳のときに恋人だったジュナ（ナム・ジュヒョク、『恋はチーズ・イン・ザ・トラップ』）の存在だ。母親は幼いころに家出、父は前科持ちの暴力男で、祖母のもと最底辺の貧しさで育ったジュナは、夢どころかろくな仕事も見つからず、唯一の心の支えだったヘジャの明るさすらも、何の前触れもなく奪われる。そして孤独と経済的困窮のなか、怪しげな叔父によって、老人相手の詐欺師まがいの仕事に引きずり込まれてしまう。同世代の中で、こういう不幸な役を演じてナム・ジュヒョクの右に出るイケメンはいない。１８７cmの長身と小さな頭はいまどきのバランスだが、その美しさはどこかクラシックで儚《はかな》く寂しげなのだ。あまりに可哀想で、全韓国が「助けてやって！」と画面に叫んだに違いない。
80歳のヘジャもむべなるかなで、「ヘジャの祖母」と名乗りジュナのまわりをうろつきはじめ、ドラマのもうひとつの舞台である「老人センター」に出入りするようになる。ここに来て面白いのは、本物の老人が、ヘジャと同じように「自分はまだ年寄りじゃないのに」と思いながら、年寄りとして差別され、惨めな日々を送っていることだ。そして、彼らを騙しているのは誰あろうジュナなのだが、ジュナがそうなってしまったのは、本当にジュナのせいなのか？

見た目は80歳中身は25歳のヘジャは、周囲のさまざまな問題を、時に繊細に時に痛快に、リリカルにコミカルに、解決に導いてゆく。全12話なのだが、10話で始まる老人の逆襲「ミッション・インポッシブル」なんて笑っちゃって笑っちゃって抜群なのだが——ドラマ慣れした鋭い人なら、この回でドラマが少し変質していることに気づくだろう。この変質こそが11話に始まる驚きの展開——ドラマ最大の難問「80歳のヘジャはこの後どうなるのか？」——の前振りなのだ。

私は仕事柄、ドラマや映画を見慣れているほうだが、こんな斜め上のトリッキーな展開は想像していなかった。いや、思い返せばそれまでの「え？」「あれ？」という小さな違和感は、すべてこの展開の伏線だったといえる。ドラマはある意味では、まったくファンタジーではないのかもしれない。時計を拾ったあの海のまぶしさに、その後の現実に、誰もが胸を締めつけられるに違いない。

© Studio Dragon Corporation. Based on a TV drama series Mother produced by Nippon Television Network, and written by Yuji Sakamoto. / U-NEXT にて配信中

マザー ～無償の愛～

마더

『カルテット』とか『大豆田十和子と３人の元夫』とか、「変わってる！　面白っ！」と思うドラマのクレジットを見るといつもそこにいる脚本家・坂元裕二。その作家が２０１０年に手掛けた、児童虐待がテーマの社会派ドラマ『Mother』は、さまざまな国でリメイクされた名作だ。韓国版リメイクの『マザー～無償の愛』も２０１８年に放送され大ヒットを記録している。

　小学校の臨時教員をしているカン・スジン（イ・ボヨン、『いとしのソヨン』）は、クラスでちょっと浮いている少女ヘナ（ホ・ユル、『Sweet Home ―俺と世界の絶望』）が虐待されていることに気づく。アイスランドで本来の仕事である渡り鳥の研究職を得た彼女は、周囲にヘナのことを託して退職するも、最後に訪ねた彼女の家の前で、ゴミ袋に入れられて捨てられているヘナを発見。彼女を救うため、海難事故で死んだと見せかけて連れ去ることを心に決める。そしてその道中で、スジンの複雑な生い立ちが明らかになってゆく……。

と、ここまでの流れにおいては、韓国版は日本版オリジナルとほぼ変わらない。これは日韓のリメイク作品全般に言えることなのだが、一話の尺が短く話数も少ない日本版では、ストーリーを先に進めることが優先され、細かいエピソードが活かしきれないことが多い。たとえばふたりの出会いの場面、授業で「学校で死んだアヒルに手紙を書く」という下りがまさにそうだ。日本版では「アヒルは死んでるし字も習ってないから手紙を読めない。それに天国なんてあるの？」と手紙を書くのを拒絶する芦田愛菜に、松雪泰子は「書きたくないなら書かなくていい」と冷ややかに言い放つ。だが韓国版では、ヘナの同じセリフに教室の子どもたち全員が同意し、スジンはそれに同意した上で「それでも、悲しい気持ちを手紙に書けば少し楽になる」と答える。ヘナがスジンを好きになる理由がすんなりと入ってくるし、ラスト近くでスジンがヘナに書いた手紙の印象もちょっと変わってくる。ちょっと無理めにバタバタと進む印象の日本版に比べ、そのあたりが丁寧に描けるのが韓国版のいいところである。

おそらく作品の成否は「芦田愛菜に匹敵する子役を見つけられるか？」にかかっていたと思う

のだが、そこは天才子役の宝庫=韓国。約400人の中から選ばれたヒロイン、ホ・ユルは主役のイ・ボヨンと二枚看板、いや、もしかしたらホ・ユルが主演と言ってもいいくらいの素晴らしさだ。違いとしては、7歳の主人公を芦田愛菜は5歳で演じ、ホ・ユルは9歳で演じたことだろう。「背伸びした幼な子」という感じの芦田に対し、ホ・ユルは「身を守るためにしっかり育った子」という印象だ。黒目がちのつぶらな瞳は、笑顔と寂しさ、痛々しさと無邪気さを絶妙に表現する。そして、こんなふうに言葉で説明するのがアホらしいほど、画面に出てくるだけで泣かされてしまう。詳述は避けるが、韓国放送版の13話では、号泣するホ・ユルを前に全視聴者が「社会一般の正義なんてこの際どうでもいい」という気持ちになるはずである。

中盤は日本版にはない設定がドラマを盛り上げる。一番印象を変える要素は、ヘナの実母の恋人ソラク（ソン・ソック、『サバイバー：60日間の大統領』）の過去と生い立ちが語られることだ。頭のいいヘナがその過去を知ってしまったことから、ソラクはふたりの行方を執拗に追い、展開はよりサスペンスフルになってゆく。そしてその生い立ちには、もうひとりの母親像も浮かび上がる。

一方、スジンのふたりの母親については、養母ヨンシン（イ・ヘヨン、『ごめん、愛してる』）の存在感が日本版とは比べものにならないほど大きい。大スターで資産家のヨンシンがなぜスジンと出会って養子にしたのか、さらにはふたりの妹たちとの確執や遺産争い、そして最後の最後に明かされる秘密などは、「これぞ韓国のホームドラマ！」という感がある。

坂元裕二版のオリジナルは、芦田愛菜を連れて逃げる松雪泰子を、かつて娘を連れて逃げた実母（田中裕子）と重ね合わせることで、血縁のない松雪&芦田の親子を「血のつながった親子と変わらない」と示してゆく。だが韓国版は、血縁のない母ヨンシンの娘への愛情の濃さを見せつけることで、母娘の愛情に血のつながりなど関係ないと訴える。ある意味わかりやすい実母ホンヒ（ナム・ギエ、『自白』）に対し、ヨンシンの複雑さ、面白さ、自分勝手さ、スケール感は、既存の母親像をぶち壊すもので、坂元裕二がオリジナル作品で書いた母親像についてのセリフ「そういうものは男の幻想です」を、もっとも体現するキャラクターにも思える。ちなみに韓国版には、わずかだが父親の愛情も描かれる。親が子どもを愛するとすれば、その理由は「母だから」ではなく「親だから」なのだ。

ドラマはスジンとヘナが「血のつながり」を超えて本当の親子になるまでを描くのだが、それはある種のラブストーリーであり、いまの時代に見れば、傷ついた女性たちがつくりあげるシスターフッドにも思える。そういう意味で、もっとも大きい違いは結末だろう。ここには韓国と日本それぞれの法律や社会の意識の違い、さらにドラマの作り手や観客が求めるものの違いもあるのかもしれない。いずれにせよ、どちらも名作なので、ぜひ見比べて、それぞれに号泣してほしい。

© STUDIO DRAGON CORPORATION / U-NEXT にて配信中 / コンパクト DVD-BOX
2022 年 2 月発売　発売元 : コンテンツセブン

マイ・ディア・ミスター
～私のおじさん～

나의 아저씨

「韓国人はイケメンが大好き」は決して間違ってはいないが、イケメンの定義は日本より韓国のほうが広いような気がする。とくに違うのは「声」の価値で、「イケボ（イケメンボイス）」ジャンルは確立されている。国際派の大スター、イ・ビョンホンもこのジャンルのひとりではあるのだが、誰もが認める「韓国№1イケボ」はイ・ソンギュン（『コーヒープリンス1号店』）に間違いない。「韓国ドラマのベスト1」に挙げる人も多い本作は、その声の魅力ゆえにキャストされた作品。イ・ソンギュン演じる主人公の「おじさん」は常に盗聴されているのだ。

　物語の主人公は、その「おじさん」と、IU《アイユー》（『麗

〈レイ〉〜花萌ゆる8人の皇子たち』）演じる「私」のふたりである。

「私」は「おじさん」が勤める建設会社で働く派遣社員で、誰とも口をきかず、心も許さず、オフィスに飛び込んできた虫を無言で一発で仕留め、暗い目をして「私、人を殺したことがあるんで」と恐ろしいことを言ったりする。幼いころに死んだ両親の借金を返しながら、聴覚障害を持つ寝たきりの祖母の面倒をひとりきりで見ている。手段なんて選んでいたら生きてこられなかった若い女性だ。「おじさん」の盗聴も、もちろん金のため。なぜか「おじさん」を疎んじている社長に「1000万ウォンで〝おじさん〟を退職に追い込める」と持ちかけたのだ。

「私」は盗聴と同時に、適当な理由で「おじさん」に近づき、その人物を知ってゆく。「おじさん」はどこか枯れた風情の人だ。権力になびかないのは強い意志からではなく、単に最後の最後で良心を捨てられないだけだ。手を汚せない「おじさん」の弱さを上は蔑み、権力闘争の中では貧乏くじを引かされ、いまは窓際部署の部長で、だが決して怒らず腐らず、淡々と働いている。唯一怒ったのは「私」がハニートラップを仕掛けたとき。「こんなことをするなら二度と会わない」と「おじさん」は「私」を突き飛ばす。「私」はこの場面を人に頼んで写真に収め、社内システムの中で拡散する。だが「おじさん」は決して弁解しない。これまでの人生で「優しい顔したクソ野郎」を山ほど見てきた「私」は、はいはい、いつもの偽善者面ですね、くらいの感じで「おじさん」の豹変を待つ。だが「おじさん」は決して「私」を売ろうとしない。自分が話せば

「私」がクビになるのは間違いないからだ。それ以前に「おじさん」は、孤独でいかにも危なっかしい「私」が、バラックに挟まれた狭く急な階段で祖母と難儀する姿に出くわしている。彼女が住むその場所は、いわゆる「タルトンネ（月の町）」。ソウルに点在する開発の遅れた地区だ。

「タルトンネ」は朝鮮戦争の避難民がバラックを建てて住み着いたことに始まる。「月の町」という、どこか情緒的な名前は「月に近づくほど急坂を登る」という意味合いだ。家を出た後に忘れ物に気づいたら一巻の終わり……といった心臓破りレベルの坂道の上、要するに誰も好んで住みたがらない斜面の町は、ソウルの高騰する家賃を払えない貧しい人々がいまも住む。再開発で多くのタルトンネが姿を消し、一部は壁画などのアートによって観光地化したが、韓国の映画やドラマではいまも、しばしば「貧困」の記号として使われている。

このドラマの「私」が住む家はそんな場所にある。細く曲がりくねったガタガタの急坂を登りきった先の一間だけのバラックで、ドアは男性が一蹴りすれば簡単に破れそうだ。スーパーからパクったカートに祖母を載せて、ガクンガクンしながら「私」はその坂道を懸命に降りる。めったに何かを望まない祖母が「月が見たい」と言ったからだ。「月の町」なのに、窓のないその部屋からは月が見えない。

そんな「私」を「おじさん」が放っておけないのは、おじさんのまわりには「月の町」の住人がいるからだろう。「私」の家のすぐ横におじさんの幼馴染みが住むこと、「この町で大企業に勤めるのはドンフン（おじさんの名前）だけ」というセリフなど、断片をつなぎあわせれば、幼いころは「おじさん」もこの辺の住人だったのかもしれない。だから「惨めさの中で暮らす人間の痛み」に敏感で、それゆえ相手を惨めにさせぬよう、裏でこっそりと手助けする。盗聴でそれを知ったすれっからしの「私」は、「おじさん」の愚かさに呆れ、優しさに戸惑う。暴力的な借金取りにボコボコにされたある夜、「私」は気づくと録音した「おじさん」の声を聞いている。「あの子のせいじゃない。あの子はいい子なんだ」とくりかえす、優しく柔らかく寂しげな「おじさん」の声は、いつしか「私」の唯一の拠りどころになっている。そして「私」は、自分でもよくわからないまま、社長が仕掛ける罠から秘かに「おじさん」を守りはじめるのだ。

イケメン財閥御曹司もサクセスストーリーも流行も胸キュン恋愛もない。このドラマにはそれとはまったく逆の、格差社会、高齢化、ヤングケアラー、失業問題などの要素が満載だ。「悲しすぎて途中でリタイア」という人もいるようだが、つらい現実に灯をともすファンタジーのようなふたりの関係に、心を揺さぶられない人はいない。浮気していた「おじさん」の妻、鳴かず飛ばずの映画監督であるおじさんの弟、「私」にこじらせた恋心を抱く借金取り、高校時代にすべてを捨てて出家したライバル……登場人物たちはみな何かしらの「空虚」「寂しさ」を抱えて生きている。終わった後にその誰もが悪人に見えないのは、このドラマがもたらす「おじさん効果」とも言える。夜の場面が多く、とくに月夜の場面は心に残る。

未生 ―ミセン―

미생

韓国ドラマをいまだに「恋愛もの」だけだと思っている人に会うと驚く。『冬ソナ』からアップデートしないまま『愛の不時着』で上書きされて、「ほーらやっぱり韓国ドラマ＝恋愛もの」ってことなんだろうが、本当にもったいない。そんなこと言ってたら全世界のサラリーマン号泣の本作を見逃してしまう。

『未生―ミセン』は早く言えばお仕事ドラマなのだが、ドラマにありがちな「アパレル」「マスコミ」「芸能」「クリエイティブ」「商品企画部」「PR」といった華やかな仕事ではない。そしてツンデレ御曹司との恋愛とか、ドロドロの復讐劇とか、出生の秘密といった「韓国ドラマあるある」も何ひとつない。舞台は商社の窓際の営業部。主人公チャン・グレ（イム・シワン、『それでも僕らは走り続ける』）は、その部署で小突きまわされている26歳のインターンである。

グレは幼いころからプロ棋士をめざし、専念するために高校中退までした男の子だ。だが父の急死で囲碁どころか生活さえも立ち行かなくなり、さまざまなアルバイトで食いつなぎつつ、囲碁時代の支援者のコネで奇跡的に手に入れたのが、ある大手商社のインターン――仮採用された最終候補者である。

だが、若者の就職難が深刻な韓国において、大手商社のインターンになれる若者たちはかなり優秀だ。一流大学卒業でバイリンガルはもちろん、トリリンガルもゴロゴロいる。認定試験で高卒の資格を取り、語学どころかコピー機の使い方すら知らない「コネ枠」のグレは、そんな中で嫉妬されバカにされ意地悪されるのだが、ドラマは決して「悲惨ないじめドラマ」にはならない。グレが冷静で打たれ強く、「そっか」と受けとめて行動を修正し、決してあきらめず着実に歩を進めていくからだ。ちなみに韓国ドラマでは「高飛車な男＝高木飛車男」みたいなネーミングがよくあるのだが、「グレ（그래）」はまさに韓国語で「そっか」である。

だが、不屈のグレの存在だけではドラマは大ヒットしなかっただろう。泣かせるのはもうひとりの主役である、直属の上司オ課長（イ・ソンミン、『記憶～愛する人へ』）とのつながりである。彼らを結びつけた伝説のエピソードは韓国放送版の第3話。勘違いから、ある濡れ衣をみずから被ってしまったグレを、いつも通り怒鳴ってしまったオ課長。だが真犯人は隣の部署のインターンだった。酒の力を借りて謝ろうと初めてグレを飲みに誘った課長は、帰りの繁華街でその部署の課長に遭遇し、ベロンベロンになりながら「お前のせいで〝ウチのやつ〟がひどい目に」と絡む。グレの中でその言葉「ウチのやつ」が何度も何度もリフレインする。勝負の世界に生き、学校をやめて友達もなく、インターン仲間からも爪弾きだったグレに、自分を思ってくれる初めての仲間ができた瞬間だ。

　オ課長は人間味の塊のような人だ。彼がグレのために真犯人を糾弾しないのは、そのインターンがクビになってしまうから。彼には産まれたばかりの子どもがいるのだ。そんないい意味での「昭和的な情の人」が、組織の中で冷や飯食いになる理由も視聴者は理解するだろう。物語の理不尽は、以降むしろオ課長のみの上に起きてゆく。まっすぐなグレを守るために（そして別部署の新人たちのためにすら！）、課長は「組織の論理」の防波堤になってゆく。そしてグレもまた、そういう課長を絶対的に支え続ける。第5話のある場面で、グレが見るオ課長の背後に一瞬だけ「ハートの光」があらわれ、「何いまの？」的にグレが慌てる場面が微笑ましい。ドラマには「御曹司との恋愛」はないが、ふたりの関係はある種の恋愛とも言える。

　「未生《ミセン》」とは囲碁の用語だが、グレは自分が囲碁をやっていたことを会社では言っていない。「碁盤の上で〝生石〟にも〝死石〟にもなっていない、どちらにもなりうる石のこと」と説明するのはグレではなく、おそらく自身も囲碁の経験を持つオ課長だ。囲碁は相手の立場を想像するゲームであり、だからこそふたりは、組織の理不尽によって追い込まれる他者に共感し葛藤する。『未生―ミセン』が感動的なのは、そうした人々を「惨めな人間」として描くより、彼らが「忍従してすら守りたいもの」の美しさにフォーカスしているからだ。

　ドラマの原作は「ウェブトゥーン」といわれる韓国発のウェブ漫画で、この作品の大ヒット以降さらに大きな注目を集めるようになった。ポータルサイト上で基本的に無料で読むことができるという産業構造ゆえに、ブラック化などの問題もあるようだが、だからこそ「なんでもあり」の多様な世界がある。いまではドラマのヒット作でウェブトゥーン原作でないものを探すほうが難しいほどだし、バリエーションの広がりにも大きく影響していると思う。本作品の「地味めなお仕事日常もの」ももちろんだが、飛躍的に増えているファンタジーやホラー、最近流行りのディストピアものなどは、ほぼウェブトゥーン原作といっていい。

　最後に、このドラマでの女性の描かれ方に触れておきたい。先述の通り、韓国でフェミニズムの動きが加速したのは２０１６年に起きた「江南《カンナム》駅殺人事件」がきっかけだ。詳細はぜひネット検索などしてもらいたいが、この作品はそれ以前の２０１４年に放映されている。グレの同期で唯一の女性アン・ヨンヒに対するセクハラや、オ課長の同期のソン次長のワンオペ育児などは、いま見ると批判的視線が足りないように思えるが、この点に関してもオ課長は目配りを怠らない。オ課長が「理想の上司」といわれる所以《ゆえん》である。

5章

人間の複雑な本質をえぐる、

極上のサスペンスドラマ

韓国ドラマには、どんなジャンルであれかならずサスペンスの要素が入っている。恋愛ものでも、恋の相手がなんか怪しかったり、主人公の過去が明らかにされていなかったり、コメディにも怪しい人物がかならず仕込まれていたりする。さらに、毎話毎話が「え！ここで終わり?!」という幕切れで、それに引っ張られて次を観ずにいられない。韓国ドラマが「観はじめたら止まらない」のは、ある意味すべてがサスペンスだからである。そんな韓国ドラマがガチに取り組んだサスペンスの凄さたるや。時間をさかのぼって「あのとき、裏ではこんなことが」と見せる断片的な種明かしの回想、そのミスリードの上手さはもはやお家芸だが、一番のサスペンスは「人間」そのものだ。「人間は矛盾の束」というが、表面と内面はかならずしも一致せず、言動のすべてを理屈では説明できず、衝動に突き動かされてしまうこともある。そうして起きた事件の不可解さが、何よりも人間を不安にさせ恐怖させ、同時に惹きつける。そうした人間の本質をえぐってこそ、サスペンスは面白くなるのだ。

© STUDIO DRAGON CORPORATION / U-NEXT にて配信中

秘密の森

韓国ドラマで「検察庁」が登場したら、上のほうの人はたいてい腐っている。『ヴィンチェンツォ』でも『ハイエナ―弁護士たちの生存ゲーム』でも『無法弁護士』でも『優雅な一族』でも『魔女の法廷』でも『被告人』でも、検察の上のほうの人は政治家とか謎のＶＩＰとか財閥とかとつながって悪事を好き放題にもみ消し、ゆくゆくは政界に打って出ようとしている。現在ネットフリックスで２シーズンが配信中の『秘密の森』は、そのジャンルの大ヒットシリーズだ。つまり「検察腐敗もの」である。

面白い韓国サスペンスに共通するのは「観はじめたら止まらない！」という点だが、その典型例とも

비밀의 숲

いうべきこのドラマを私は「芋づる式サスペンス」と呼びたい。最初に起きるのはなんの変哲もない、普通の捜査官なら事務的に処理して「ハイ終了」といった事件なのだが、そこから「なぜこの人が?」という人物が動き出し、小さいほころびから過去の嘘や秘密が薄らぼんやり見えてきて、その細ーい糸をたぐっていくと「おいおい、ちょっと待てよ」的なデカい芋、じゃなくて事件が、次々と見えてくるのだ。このドラマに唸るのは、その「小さいほころび」が尋常じゃなく小さいことである。主人公のスーパー検事ファン・シモク(チョ・スンウ、『馬医』)は、そのとき会った人が持っていた封筒に書いてある会社名とか、ちらっと見えた相手の携帯電話の着信名とか、そういうものを視線の端っこで逃さず捉え、そこで覚えたわずかな「あれっ?」という違和感を決して忘れない。そして別の「あれっ?」が起きたときに、過去の(時に数年前の)「あれっ?」を頭の隅っこから引っ張り出し、あわせて分析し仮説を作っていく。

そのへんの刑事ものであれば、その「仮説」は事件の関係者と証拠から導き出されるものだろうが、このドラマが面白いのは、ここに検察・警察内部の腐敗や歪みがガッツリ絡んでいること。つまり事件とはまったく無関係な人たちが、事件解決とはまったく別の意図で事件を利用し、捜査を妨害し、真実を捻じ曲げようとするのだ。だが、ミスリードしようとする輩の意図さえもシモクは見逃さない。このあたりの面白さはとくにシーズン2で冴えわたる。シーズン1で最初に殺される人物は検察の腐敗に直接的にかかわっていた人間なのだが、シーズン2では夜の海の立ち入り禁止区域で高校生が行方不明になる事件である。シモクの最初の違和感は「なんでそこだけ立ち入り禁止のテープが外されていたのか？」ってことなのだが、ここから検察と警察のトップを揺るがす大疑獄に発展するとか想像もつかない。こうして原稿を書いている私ですら「どこをどうやったら⁉」と思う。

さらに、この人はド級の変わり者である。脳の異常なまでの発達ゆえに幼いころから激痛レベルの頭痛持ちだったシモクは、その治療のための外科手術の後遺症で一般的な感情や欲求をほとんど失っている。つまり「こんなん言うたら飛ばされる」とか「この人を疑うなんて気の毒」とかまったく思わず、理性のみで冷静（冷徹ですらない）に事実のみを追い求める。何が痛快って、忖度する機能がコメツブほどもないことだ。脅迫されても恐怖せず、金や出世欲にも支配されない態度は、いきり立つ敵を完全にアホ化せしめる。だが同時に、私利私欲や私怨もない。「事実を解明するのが職務」という原則にひたすらに忠実なのだ。ある意味これほど信頼できる人間はいないわけで、「組織を改革したいが、いろいろあって自分には難しい」とか「組織改革の本気度をアピールしたい」というタイミングで抜擢されたりするのだが、何人《なんぴと》もシモクを思い通りには動かせないので、諸刃の剣でもあるわけだ。

社会ネタが好まれる韓国ドラマでは「検察腐敗もの」はよくあるジャンルなのだが、それは現実でもよくあるという意味だろう。その理由のひとつは、他の国とは異なる韓国独特の事情――

検察が絶大な権力を持っていることにある。一般的な先進国では「捜査＝警察」「起訴＝検察」「裁判＝裁判所」と別々の組織が役割を持つことで権力の乱用ができない仕組みを作っている。だが韓国では「捜査指揮&起訴＝検察」で、警察は検察の令状がなければ捜査ができず、活かすも殺すも検察次第だったのである。そういう中で検察改革を強力に推し進めてきたのが現在のムン・ジェイン大統領で、2020年には検察の捜査指揮権の廃止が議会で可決された。そのさなかに放送されていたのが『秘密の森』のシーズン2で、ドラマではまさにその捜査権をめぐり、警察と検察が互いを牽制し、マウンティングし、ド突きあい、陥れあう。そうしてあぶり出されてゆく両組織の闇を、白日の下にさらしていくのがスーパー検事シモクと、女性刑事ハン・ヨジン（ペ・ドゥナ、『最高の離婚～Sweet Love』）なのだ。出世を望まない検察の変人と、男社会である警察の女性刑事は、存在そのものはもちろん、「組織の正義より社会の正義を優先する姿勢」も、組織内では異物なのである。

息もつかせぬサスペンスが脚本家の力量によるところが大きいのは当然だが、加えて俳優たちが上手い。主演のチョ・スンウは韓国の「キング・オブ・ミュージカル」としても知られる人だが、ドラマ、映画でも唯一無二の存在だ。感情のないシモクは表情も口調もほとんど平板なのだが、それでもシモクなりに嬉しかったり不愉快だったりするのが、わずかな表情の変化で伝わってくる。誰も近づかないシモクの懐に、憎めない馴れ馴れしさでスルッと入り込むヨジンが「あ、いま怒ってたでしょ！」とからかう場面も、（……うっとうしいな）って感じのチョ・スンウの表情と合わせてついつい笑ってしまう。ちなみに毎シーズン最終話のラストカットでは、ずーっと無表情だったシモクが満面の笑顔を見せるのもお楽しみだ。

人気・実力を兼ね備えた主演コンビに加え、「いつも胡散臭い二枚目」のイ・ジュニョク（『サバイバー：60日間の大統領』）、「カメレオン俳優」ユ・ジェミョン（『梨泰院クラス』）、「いつも黒幕」イ・ギョンヨン（『ハイエナ―弁護士たちの生存ゲーム』）、「いつもお金持ち」ユン・セア（『SKYキャッスル』）など、俳優の演技にも唸るばかり。あらゆる点で韓国ドラマの最高峰と言っていいシリーズだ。

© SBS / TSUTAYA 先行レンタル中

誰も知らない

아무도 모른다

『SKYキャッスル～上流階級の妻たち』の悪役でブレイクし、すっかり主演俳優の地位を固めたキム・ソヒョン（『Mine』）。2003年の主演映画『おいしいセックス、そして愛』で大胆な濡れ場を演じ、儒教社会の韓国では「ああ、あの人ね……」みたいに言われることもあるが、いまや硬質な表情とマニッシュなファッションのデキる女を演じさせたら、この世代では独壇場。彼女が演じる刑事ヨンジンは孤独で寡黙な一匹狼で、ダークなカラーのトレンチコートを翻す姿とか、宝塚男役のトップスターのようである。

ドラマは冒頭で、約20年前に起きた「聖痕連続殺人事件」を描く。「聖痕」とは、イエス・キリストが磔《はりつけ》になったとき手足についたとされる釘打ちの傷跡のこと。事件ではこれに似た傷跡がすべての被害者に残されていた。ヨンジンがこの事件をずっと追い続けているのは、最後の犠牲者が彼女の親友スジョンだったから。ヨンジンは死ぬ直前の彼女からの着信を無視してしまい、「もし電話に出ていたら……」という罪悪感をずっと引きずっているのだ。実は事件後には、スジョンの携帯電話を持ち去った犯人からヨンジンに電話がかかってきている。「お前は俺を探せない」と言う犯人に「あんたを探し出して、かならず殺す」と答え、ヨンジンは刑事になったのである。そして現在、起きた8件の殺人のうち7件で時効が成立。最後のスジョンの事件だけが2015年の法改正（公訴時効の廃止）に救われ、ヨンジンはそれを追っている。

驚くのは、第1話のラストでこの連続殺人の犯人がわかってしまうことだ。ヨンジンは事件を解決したら刑事を辞めると決めていたのだが、今度はヨンジンの階下に住む中学生ウノ（アン・ジホ）がホテルの屋上から転落する事件が起きる。長年追ってきた大事件の終結で慌ただしいなか、ヨンジンはまたしても、事件直前のウノからの着信を無視してしまったのだ。ウノは奇跡的に助かったが意識不明の重体で、ヨンジンは「これを最後の事件にする」と決めて真相を追いはじめるのだが――やがて、無関係に見えたこのふたつの事件が、実は深くかかわっていることがわかってくる。

物語の中心には常に、「聖痕殺人事件」の犯人が関係していた宗教団体「新生命教団」がある。

「聖痕事件」の関係者はもとより、ドラマの中に登場する人物は多くがこの教団の関係者だ。たとえばウノが通う中学校はこの教団が作った財団が母体で、担任の教師ソヌ（リュ・ドックァン、『神のクイズ』）は本来の後継者でもある。これは個人的な感覚かもしれないが、無宗教の私には、善であれ悪であれ、信者にあらゆる理屈や理性を超越して行動させうる「宗教」というものが、なんだか恐ろしい。教団の上層部にある権力と金をめぐる対立はどこにでもある毎度お馴染みのものだが、事件全体が異様さを帯びるのはそこに宗教が絡むからだ。「神」の名を騙って誰かを支配する「悪」は、そうすることこそ「善」と信じており、幼いころからそうした状況を強いられ続けた人間は、たとえ「悪」と決別しても「神」の呪縛からは抜け出すことができない。だが、ここまで書いて思うのは、ドラマが描くのは「それは宗教には限らない」ということかもしれない。たとえば体罰という「悪」は、それが「善」だと信じている者によってなされるし、被支配者は「支配されること」を「それこそが自分のため（つまり「善」）」だと信じている。みな、どこかいびつな怪物のようになってしまうのだ。

すべて観終わった後に「そういう意味だったのか」とわかってくるのがタイトルだ。「誰も知らない」は教団の聖書の中にある言葉なのだが、私には韓国で圧倒的な人気を誇る是枝裕和監督の出世作『誰も知らない』の含みがあるように感じた。同作は母親にネグレクト（育児放棄）された子どもたちを描いた作品だ。本作に登場する子どもたちも、多かれ少なかれそうした状況にある。その象徴が、真の主人公であるふたりの少年だ。ひとりは転落した中学生ウノ。彼の家庭は母子家庭で、母親は常に悪い男にひっかかっている。母親が男に殴られているのをヨンジンが救ったことから、彼女とウノとの関係も始まったのだ。転落事件はドラマ内のあらゆる「悪」が複雑に交錯した結果起こったものだが、それでもウノは、決して汚れない「聖なるもの」として存在する。もうひとりは事件の最終的な真相とともに浮かび上がる少年である。この少年がある人物から差し伸べられた手を取ることで事件は始まったのだが、彼は生きるためにそうするしかなかったのだ。もしその人物が、ウノにとってのヨンジンのような存在であったなら、事件は起こらなかっただろう。この数年、韓国では多くの児童虐待事件が明るみに出ており、ドラマや映画にもそうしたテーマが増えている。

複雑に絡まった要素をさばくみごとな脚本に加え、抑制のきいた演出もいい。「これ伏線ですよ、覚えておいてくださいね」というカットがなく、些細なことを些細なこととしてちりばめながら、きっちりと思い出させる。そして「ここぞ！」という息が止まるような恐怖の場面では、映像を切り替えるカットを入れず、視聴者に緊張を緩める隙を与えない。これぞサスペンスという作品である。

© STUDIO DRAGON CORPORATION / U-NEXT 他にて配信中 / DVD-BOX1&2 発売中
発売・販売元：ポニーキャニオン

ウォッチャー
～不正捜査官たちの真実～

2000年に日本で公開された韓国映画『シュリ』の主演俳優ハン・ソッキュは、当時「忠武路《チュンムロ》（韓国のハリウッド）の全脚本がかならずハン・ソッキュを通る」と言われた大スターだ。だが当時の私は、ハン・ソッキュの価値をきちんとわかっていなかった。特別イケメンでもないし（失礼）、映画も派手なアクションばかりに目が行って……というのは言いわけである。あのころの私を「お前の目は節穴か！　韓国全土でお詫び行脚してこい！」と叱りつけたい（ついでに『シュリ』の二番手ソン・ガンホに目が行っていなかったことも併せて）。現在、ドラマにおいて第二の全盛期を迎えつつあるハン・ソッキ

왓쳐

ュ。その演技の凄みを存分に味わえるのが『ウォッチャー〜不正捜査官たちの真実』である。

ドラマは警察内部を監視する「不正捜査チーム」が巨悪と対峙するサスペンス・スリラーだ。一匹狼で容赦のない監察官チグァン（ハン・ソッキュ、『浪漫ドクター　キム・サブ』）は、ある事件で白バイ隊員ヨングン（ソ・ガンジュン、『恋はチーズ・イン・ザ・トラップ』）と出会いチームに勧誘。ここに、目的のためなら手段を選ばない弁護士テジュ（キム・ヒョンジュ、『家族なのにどうして』）と、元科学捜査班のスヨンが加わり不正捜査チームが発足する。実は、前者3人には過去の因縁がある。

15年前、ヨングンの父ジェミョン（アン・ギルガン、『恋のゴールドメダル〜僕が恋したキム・ボクジュ』）は警察内部で不正を行った上に妻を殺害した。彼を逮捕したのがチグァンだ。ヨングンは事件の目撃者でもあるのだが、本当は何があったのかを探っている。実は当時の記憶は曖昧で、自分が見た男が本当に父だったのか、自信がないのだ。検事時代にその真相に疑いを抱き再捜査していたテジュは、自宅にいるところを警官とみられる何者かに襲われ、当時の夫とともに拷問されている。手の親指を切られかけたのだ。3人は「悪徳警官を許せない」という点では一致しているのだが、「何が正義か？」「何が最終目的か？」が微妙に異なり、互いを信頼しきってもいない。それが物語をスリリングに二転三転させてゆくのだ。

その真ん中で物語の鍵を握るのが、名優ハン・ソッキュである。何をしてもどこか含みがある存在感は、彼の背後の後ろ暗い秘密を感じさせ、スイッチが入れば狂気が宿る瞳は、一度見てしまうと通常モードの笑顔さえも怖くて仕方がない。薄暗がりの中に座ってるだけで、画面がスリルとサスペンスでパンパンになる。悪徳警官や巨大な権力を相手に長年闘ってきたチグァンは、つまりはニーチェの言うところの「深淵を覗くとき、深淵もまたお前を見つめている」ということで、めちゃくちゃすごい捜査能力を持った悪徳警官ギリギリの男なのである。この上司を信じては裏切られ、自分だけが知らなかった事実を後になって知らされ、もちろん特定の事実は最後まで知らされず……と翻弄されるヨングンは、事件現場で見たのは父でなくチグァンだったのでは、とすら思いはじめる。

　もちろんスリリングなのは人物のみではない。警察腐敗の全貌を知るらしい父ジェミョンが刑務所から出所し、財閥企業から検察、警察への賄賂リストの存在が明らかになるころから、事態は奈落の底をめざして転がり落ちはじめる。リストを盗み出した男とその妻の末路、財閥企業の汚れ仕事を引き受けてきた警官たち、次々と見つかる親指が切り落とされた手配犯たちの死体、生前の彼らを操り闇のビジネスを動かしていた謎の存在、そして「正義」を行使するために作られた警察内部の謎のエリート組織……事態はどんどん巨大化していくのだが、なんといってもそこでなされる悪のすべてが、彼らの仲間である警察官もしくは元警察官によるものなのだ。黒幕は誰か。裏切り者は誰か。不正捜査チームの人間も含めて、クサいといえば全員クサく、腹を探りあい、ハッタリをかましあう会話によって猜疑心がどんどん膨らんでゆき、足場は崩れ、何を信じていいのかさっぱりわからない。まさにスリル満点である。

韓国のドラマは1時間を超えることが普通にあるので、日本のテレビで放送するときに再編集されてしまうことが多い。この作品も同様に日本放送版があるのだが、状況が許せばぜひ韓国オリジナル版を見てほしい。日本放送版の多くは物語の流れを追うことに終始してしまうため、とくにサスペンスにおいて大切な、ねっとりじっとりとしたカメラワークや俳優の演技の「溜め」を観ることができず、ドラマ全体に漂う猜疑心や恐怖を味わいきることができない。「この人、もしかして悪党なんでは……？」という気持ちが膨らんでいく過程が端折られてしまい、結果としてサスペンスの面白さが半減してしまうのだ。ハン・ソッキュのような最高の俳優の演技を観るとき、それではもったいなさすぎる。ちなみに本作においては、ドラマ各回のタイトルの出し方がデヴィット・フィンチャーを思わせるスタイリッシュさなのだが、日本放送版ではそこもすべてカットされている。もろもろの状況が許せば、ぜひそのあたりも楽しめる形（これ→）で見てもらいたい。

「ウォッチャー
不正捜査官たちの真実」
DVD-BOX1&2 発売中
発売・販売元：ポニーキャニオン
価格：各¥16,500（税込）
©STUDIO DRAGON
CORPORATION

ＳＫＹキャッスル
～上流階級の妻たち～

SKY 캐슬

韓国ドラマを観ていると「大卒でも就職できない」というネタが異様に多い。就職活動も日本とはちょっと違うシステムなのだが、それは別のページに譲るとして、韓国で就職を左右するのは「スペック」だ。具体的には語学力とか資格とか海外経験とか外見とか、いろいろあるのだが、とくに大企業への就職でモノを言うのは出身大学である。「超一流」と判断されるのがソウル大学、高麗大学、延世大学の３校――頭文字から「ＳＫＹ」と呼ばれる御三家で、成績上位１％しか入学できないといわれている。セレブのお受験バトルを描いて社会現象となった大ヒット作『ＳＫＹキャッスル～上流階級の妻たち』で子どもたちがめざすのは、そのうちのソウル大学校医科大学（ソ医大）だ。エリート中のエリートである。

舞台は韓国の上位0・1％の富裕層しか住めない超高級住宅地「SKYキャッスル」。物語はそこに住む3家族――いずれもソ医大志望の高校2年生がいる――を描いてゆく。キャッスルには今年一人息子をソ医大に合格させた母親ミンジュがいる。主人公のハン・ソジン（ヨム・ジョンア、『ロイヤルファミリー』）はライバルの母スンヘ（ユン・セア、『秘密の森』）をどうにか出し抜き、ミンジュが持つ「息子のポートフォリオ」を手に入れようと、あの手この手の作戦を繰り出す。

この「ポートフォリオ」については後述するとして、第1話の面白さはミンジュの息子の合格パーティーに見る、キャッスルの度外れたセレブっぷりだ。宮殿みたいなパーティールーム（たぶんキャッスル内）でのフルコースディナーは、テーブルコーディネートからメニューまでこだわり、クラシックの生演奏つき。招かれた演奏家には、ディナー中は携帯電話を取り上げ（録音できないように）、「ここで見聞きしたことは他言無用」という誓約書にサインまでさせる念の入れ方である（挙げ句、演歌を演奏させられるのが可笑しい）。この費用、いくらかかるんだろうか。セレブ生活と無縁なのでさっぱりわからないが、列席は4家族で計14人、ものすごく高そうな食器やカトラリー、テーブルセッティングの搬入搬出、スタッフは30人くらいいて、会場費もあるだろうし……200～300万円くらいだろうか？　知らんけども、ぜんぶソジン持ち。桁違い

SKY 캐슬

のプレゼント攻勢である。

結果、ソジンはミンジェが雇った「凄腕の入試コーディネーター」キム・ジュヨン（キム・ソヒョン、『誰も知らない』）を雇うことに成功する。ところが。勝ったも同然という喜びもつかの間、なんとミンジェが猟銃自殺し、ソ医大に合格した息子は行方不明、夫も仕事を辞め、一家は崩壊してしまう。原因は「合格のためなら手段を選ばない」という入試コーディネーターにあることがわかってくるのだが――それでもソジンはコーディネーターを雇うことにする。

ミンジェ一家の末路は、この契約が「悪魔の契約」であるということを暗示する。娘イェソをどうしてもソ医大に入れたい。そのためにソジンはどれほどの犠牲を払えるか、どこまで魂を売れるか。ソジンはジュヨンを決して信頼せず、「何かあればすぐにクビにできる」と思っているのだが、それは「人間であること」より「合格すること」を優先するジュヨンの――つまり「受験戦争」の悪魔性を甘く見ているにすぎない。かくて始まるお受験バトルは、お上品なセレブリティたちの嘘や欺瞞、隠された秘密を暴きながら展開してゆく。韓国芸能界の「悪美女40代部門」で1、2を争うヨム・ジョンア（ミスコリア出身）とキム・ソヒョン（ミス江原出身）による、互いをぶん殴りあうようなチキンレースはヒリヒリするような迫力だ。その一方で、そうやってエリートになった父親たちのダメっぷりは、爆笑と言っていいほどの笑いも振りまく。この緊張と弛緩が絶妙だ。

ドラマを観る上で知っていると納得の、現在の韓国の大学受験制度にふれたい。韓国の大学入試には主にふたつの方法がある。ひとつは日本のセンター試験に相当する「大学修学試験」、そしてもうひとつが推薦入試にあたる「学生生活記録簿選考」。とくにソウル大学では記録簿選考の合格者が8割近くにも上る。この記録簿とは、各教科の習熟度を記録する「教科型」と、勉強以外の活動を記録する「非教科型」に分かれている。ソジンが言う「総合評価」とは「非教科型」のこと。科学や英語の大会での受賞経験とか、クラブ活動やボランティア活動、読書記録などなど、多様な内容が含まれる。つまりこれが「ポートフォリオ」だ。大学は独自の「入学査定官」を置き、これと教師の推薦状を併せて足切りを行うのだが、ある意味では査定官の好み次第とも言える。だから前年合格者のポートフォリオはものすごく参考になるし、志望大学の元入学査定官であるジュヨンのような入試コーディネーターは、どうしたって雇いたいのだ。

教育虐待とも言える勉強と入れ込みすぎる親たちの姿に慄《おのの》き、笑い、「受験ってイヤだなあ」と思うのがボーッとした日本人のスタンダードだろうし、まさにそれがドラマ制作者の狙いだったと思う。だが韓国では、ドラマの中で主人公の娘イェソが使っている「スタディーキューブ」(広さ1平米程度の一人勉強用のドアつき防音個室)がバカ売れしたという。入試コーディネーターの需要も高まったようだ。日本人からすれば笑えるような笑えないような話だが、おそらく韓国人にとっては笑えない話、ではあろう。

愛の迷宮 ～トンネル～

터널

韓国には2006年に揃って時効を迎えた未解決殺人事件（当時）が三つある。カエルを捕りに行ったきり帰らなかった5少年の「カエル少年失踪殺人事件」、狎鴎亭《アックジョン》で誘拐された9歳の男の子の「イ・ヒョンホ誘拐殺人事件」。そして国際的にも知られる事件が、10～70代の女性10人を強姦した上に殺害した「華城《ファソン》女性連続殺人事件」である。本作はこの事件をモデルに作られたドラマだ。

物語の始まりは1986年。ソウル郊外の田舎町・ファヤン市で女性の変死体が次々と発見される。遺体の足首に刻まれた奇妙な共通点に気づいた刑事グァンホ（チェ・ジニョク、『哲仁王后』）は、これが連続殺人であることを確信。ある晩、遺体発見現場のトンネルにいる犯人らしき男を追い、殴られて昏倒したグァンホが目覚めると、そこは２０１６年だった。事件が未だ未解決で、さらに30年前と同じ方法で殺された遺体が発見されたことを知ったグァンホは、エリート刑事ソンジェ（ユン・ヒョンミン、『愛しのホロ』）と、重い過去を抱えるサイコパスの犯罪心理学者ホヨン（イ・ユヨン、『みんなの嘘』）とともに犯人を追う。

ドラマ前半は、グァンホを中心に作られる2パターンの「バディもの」の面白さがある。ひとつは「80年代的熱血系の叩き上げデカ」グァンホ＆「２０１０年代的クールなエリート捜査官」ソンジェのでこぼこコンビである。グァンホとソンジェは「おおらかvs神経質」「肉体派vsエリート」「刑事の勘vsデータ重視」「田舎の兄ちゃんvsシティボーイ」と、似たところがこれっぽっちもなく、さらにもともと生きている時代が違うのでカルチャーギャップが甚だしい。取り調べで容疑者を殴る蹴るが当たり前のグァンホにソンジェが呆れ、ソンジェが駆使する携帯電話とか交通カードとかＤＮＡ鑑定とかに「なんだこれ魔法か！」とグァンホが驚き――つまり、まったくのチグハグが、やがて影響しあいながらいいコンビになっていく。まさに「バディもの」の黄金パターンだ。ソンジェは階級も上で、グァンホみたいなタイプをはなからバカにして高圧的なのだが、この力関係があるきっかけで完全に逆転するのもいい。前半のソンジェはとことんいけ好かないヤツなので、なかなかに痛快だ。

もうひとつは、グァンホ&チーム長ソンシク（チョ・ヒボン、『グッド・ドクター』）のコンビだ。ソンシクは86年当時にグァンホがかわいがっていた新米刑事で、2016年には同じ警察署の強行班のリーダーになっているのである。このふたりが、表向きは「新米グァンホ&チーム長ソンシク」なのに、裏では「先輩グァンホ&新米ソンシク」に豹変するのが可笑しい。おおらかだけど態度も身体もデカいグァンホと、先輩にハラハラしっぱなしの小柄でチンケなソンシクというコントラストもいい。強行班のメンバーはこのチョ・ヒボンを始め、『SKYキャッスル〜上流階級の妻たち』のパワハラ父親キム・ビョンチョル、『キム秘書はいったい、なぜ?』のダメ社長カン・ギヨンなど、笑いにおいて鉄壁の布陣である。

タイムスリップものの現代劇では、時空を越えてきた人間にアイデンティティを与えることが難題なのだが、このソンシクが2016年にグァンホの居場所を作る。本作ではさらに、グァンホがあらわれた当日にソンシクの部署に配属されるはずだった「同姓同名のパク・グァンホ」がいることで、どうにか着地させている。なんぼなんでもそれは無理筋だろ、と思ったのだが、これも最後の最後に「運命」として回収されてゆく。

ネタバレになるので詳細は控えるが、このドラマは「運命」が色濃く、グァンホがすっとばした30年を妻や部下がどう過ごしたか、誰が産まれ誰が死に、誰と誰が出会ったかが、徐々に徐々に明かされて運命を形づくってゆく。ドラマに誠実さを感じるのは、殺された被害者の遺族たちもそこに含まれることだ。止まってしまった彼らの時間を、ドラマはラストでそっと動かしてゆく。犯人逮捕のニュースを見て「どんな殺し方を？」と身を乗り出す男に、被害者の友人である恋人の女性が「人が死んだんだよ！　ゴシップじゃない！」と責める場面もいい。

イ・ウンス作家は、最近作『ナビレラ—それでも蝶は舞う』では、幼いころから憧れてきたバレエを踊る夢を叶える老人と、彼にバレエを教える不遇なダンサーの心の交流を描いている。本来は人間ドラマが描きたい人なのかもしれないが、それはサスペンスが下手ということを意味しない。この作品では、10話くらいで真犯人はわかってしまうのだが、それ以降もまったくダレない。知能犯との駆け引きとプロファイリングにタイムスリップを組み合わせ、物語は最後までスリルを失わず、すべての伏線を回収してすっきり爽快に終わる。

さて、冒頭でふれた、このドラマの下敷きとなった「華城連続女性殺人事件」を世に知らしめたのが、『パラサイト　半地下の家族』でアカデミー賞を獲得したポン・ジュノ監督の出世作『殺人の追憶』である。ドラマがこの映画に触発されたのは明らかだ。映画でソン・ガンホ演じる刑事の捜査が幕を閉じる際、ずっと追ってきた最重要容疑者がトンネルの闇の彼方に消えてゆくからである。このドラマはまるで、その犯人が未来に逃げたかのように始まる。そして、ドラマが作られた後の２０１９年に、別の事件で捕まった男がこの事件の犯人だとわかった。事件を風化させなかった作り手たちも、きっと驚き、喜んだに違いない。

Netflix シリーズ「サバイバー：60 日間の大統領」Netflix で独占配信中

サバイバー
60日間の大統領

ジェンダーギャップ指数１２０位の日本で「口だけ男女平等風」のおじいさん、おじさんおばさんの政治家たちを見ていると、会社や社会の支配層に居座っているこういう人たちが一掃されない限り、世の中は変わらないな……と暗澹《あんたん》たる気持ちになる。

平時は日々の忙しさで後まわしにしていたが、コロナ禍における政治家のあまりの無能ぶりを毎日のように見せられると、ただの暗澹じゃ足りない、ドス黒澹とかヘドロ暗澹とか真っ暗闇澹とか、新しい言葉が必要なんではと思う。

『サバイバー：60日間の大統領』は、そんな政治に大失望中の人におすすめの作品である。ドラマの

60일, 지정생존자

始まりが凄い。国会議事堂の爆破テロで、大統領以下の閣僚とほとんどの現役議員がもろとも死んでしまうのだ。韓国では大統領が任期途中で死去した場合、60日以内に選挙が行われる。そのあいだ仕事を引き継ぐのは「大統領権限代行」で、閣僚の中で継承順位が決まっているのだが、順位も何も、生き残ったのはこの日の議会に欠席していたひとりだけ。それがＫＡＩＳＴ（韓国科学技術院。ソウル大以上の偏差値の理系専門の国立大学）の教授から環境庁長官に抜擢されたパク・ムジン（チ・ジニ、『宮廷女官チャングムの誓い』）。そもそも政治家ではない環境分野の天才、つまり台湾のオードリー・タンのような男である。

ちなみにこのドラマはアメリカのドラマ『サバイバー：宿命の大統領』の韓国版リメイクなのだが、法律の違いによって大きく異なる部分がある。アメリカでは、任期中に大統領が死亡すれば後を引き継ぐ者はそのまま大統領になるが、韓国ではあくまで大統領「権限代行」だ。つまり権限が弱く、周囲にもナメられがちである。さらにムジンは、そもそも権力に興味がなく、「60日が終わったら大学に戻ります」と口癖のように言う。

そんな人が、政治の怒濤に巻き込まれてゆく。爆破テロの原因究明で真っ先に考えられる北朝鮮との関係が緊迫する。時を同じくして消えた北朝鮮の潜水艦に、軍は「やられる前にやれ」といきり立ち、主導権を取ろうと米軍も出てくる。これを機に北朝鮮に由来を持つ人々への差別や極右派のデモが始まる。60日後の大統領選への出馬を狙う与野党の党首たちは、そうした分断を利用して支持を集めようとする。

次々と起こる軍事、外交、内政上の問題の中で、際立つのはムジンの「まっすぐさ」だ。前大統領のスタッフたちは、ことあるごとに「政治は妥協だ、取引だ、手段を選ばない足の引っ張りあいだ」と言いながら戦略を立てるのだが、ムジンはそれをことごとく拒絶する。日本で言えば「永田町の常識」でなく、「(部下を含めた)国民の命が最優先」「弱きものを助ける」「嘘をつかない」といった、きわめて一般的な善良さと正直さで事にあたり、理系らしい合理的な判断を下し、自信が持てないときは人権派弁護士である妻に相談し、法的根拠と憲法の精神に従う。この基本路線を決して譲らず、どうにか事をすり抜け支持率を回復させてゆくムジンを見て、周囲のスタッフたちが変化してゆく。とくに変わるのが、「永田町の常識」に慣れきっていない、どこかで理想を信じていた大統領府の若手スタッフたちだ。

ムジンは「力と支配」で政治を動かそうとする古参を退け、そういう優秀な若手を抜擢する。その一番手が秘書室長のヨンジン(ソン・ソック、『マザー〜無償の愛』)なのだが、面白いのは、かならずしも彼がムジンの「信者」ではないことだ。「私は嘘はつけません」「いや、代行、嘘じゃないでしょ、方便でしょ?」「いえ、嘘は無理」「いやあの、代行〜!!」みたいなやりとりがいちいち可笑しい。そしてついに彼はキレて言う。「政治の場で正直であることは、戦場で丸腰でいるのと同じ。いくら守ろうと思っても守れないじゃないですか!」。ムジンはその意見に賛同はしないが、彼を「僕に必要な人」と自分のブレインのトップに据える。そしてヨンジンは、引き続き振りまわされながら、60日後の大統領選に立候補するようムジンを説得しはじめるのだ。

前大統領の善良さを愛しながら、その政治的無能さも知っている現実主義者のヨンジンは、次に自分が仕える大統領には「いい人でなく勝てる人」と決めている。だが同時に理想主義者でもある彼は言う。「代行は勝てる人。でも代行の勝負には、敗者がいない」。ムジンは「力による支配で邪魔者を排除する」という旧来型の政治に否を唱える存在なのだ。

ドラマの最大の謎は「爆破テロを起こしたのは誰か？ そしてなぜか？」なのだが、その鍵を握る人物がオ議員（イ・ジュニョク、『秘密の森』）だ。議事堂の瓦礫から救い出された唯一のサバイバーである彼は、やがて国を救う英雄のように祭り上げられてゆく。「元軍人で全羅道《チョルラド》出身」というその設定は、このドラマに通奏低音として響き続ける「差別」を象徴している。全羅道は朝鮮半島の歴史における伝説の時代からの「地域差別」の対象であり、それゆえにもっともリベラルな地域だ。１９８０年に起きた民主化運動の象徴である「光州事件」の光州もその地域にある都市で、全羅道出身の唯一の大統領、金大中《キムデジュン》の出身地である。

激動の60日間を通じて出馬を決意したムジン、その大きな目標が「包括的差別禁止法」の成立だ。現実世界でも２００７年から韓国議会に提出されながら否決され続けている「包括的差別禁止法」は、人種、性別、性的指向、障害、出身地、宗教、思想など、あらゆる差別を禁止するものだ。もちろん韓国には激烈な差別が存在する。だが少なくとも、政治をあきらめてはいない。パク・ムジンのセリフが心に響く。「政治以外の何が、問題を解決できるのか。政治は神が人間に与えた終わりなき答えだ」。こんな政治家が、日本にもいたらいいのになあ。

夫婦の世界

「マクチャン」とは韓国語で「どん詰まり」の意味で、「マクチャンドラマ」と言えば、ありえないことが次々起こるドロドロドラマのこと。以前はミニシリーズではそこまで多くはなかった気がするのだが、ここ5〜6年はケーブルテレビを中心にセレブ系のマクチャンが次々と高視聴率を叩き出している。『夫婦の世界』は近年最大のヒット作のひとつである。

　舞台はある地方都市で、主人公はその中核病院で副院長を務めるエリート女医ソヌ（キム・ヒエ、『密会』）である。高級住宅街にゴージャスな一軒家を構え、映画監督のイケメン夫テオ（パク・ヘジュン、『ア

부부의세계

スダル年代記』）と中学生のかわいい息子ジュニョンをこよなく愛する彼女は、誰もがうらやむ存在だ。だがある朝、出張から戻った夫のマフラーに長く茶色い髪がついているのを見つける。「もしかして……、いやいや、まさか」と思いつつ夫の後をつけて尻尾をつかみ、車の中に隠し持った別の携帯電話から女の正体を、そして思いもしなかった地域社会の衝撃の事実を知り……と、ドラマは第1話から次々とマクチャンで畳みかけてくる。

テオはソヌの出資で作った制作会社の社長に収まっていたが、金を湯水のように女に使って会社は火の車、多額の借金までしていたことが発覚する。これまたソヌの金で介護施設にいる義母は、すでに息子の浮気を知っていて「あなたのせい」とソヌを責める。それでもソヌは「正直に言ってくれたら許そう」とそれとなく水を向けるが、テオはイケメンぼんくら特有の無根拠な自信ですっとぼけ続ける。自分を舐めくさった夫にじわじわと怒りを募らせたソヌは、すべてを奪って離婚しようと決意。いくつかの修羅場を乗り越え、嫌がる息子を説得してようやく離婚し、テオは妊娠した（！）女と町を去ってゆく——と、普通のドラマなら全16話かけそうな展開を怒濤の勢いで6話までにぶっこみ、「なんだか一段落しちゃったけど、これ以降はどうやって……？」と思っていたら、7話からは地域社会まで巻き込んだ大規模ドロドロに発展する。数年後、ちょっと成功したテオは妻子とともにこれみよがしに華々しく舞い戻り、ストーカー的な粘着質の逆襲を仕掛けてくるのである。

「マクチャン（ありえない）」にはふたつのタイプがある。「まさかのマクチャン」と「笑っちゃうマクチャン」である。「まさかのマクチャン」は、「そういう状況もありうるだろうが、あるべきでない」というものだ。たとえば、このドラマの第1話ラストの「斜め上の展開」(ネタバレするので詳細は避ける)もそうだし、7話でテオがソヌの住む街に華々しく戻ってくるのもそれである。一方、「笑っちゃうマクチャン」は、意図的にリアリティの範囲を飛び越えた「目が点になる、唖然とする展開」である。古い日本の昼ドラ『牡丹と薔薇』で、夫に不満爆発の妻が「今日の夕食はコロッケよ」と言いつつ亀の子タワシを出すという場面がその典型だ。そもそもが「マクチャン好き」ではない私は、こうした「マクチャン」のみで突っ走るドラマを面白いとは思えない。リアリティ完全無視で「タワシ」くらいぶっ飛べないなら、どこかで現実につなぎとめる要素がほしくなってしまうのだ。

『夫婦の世界』を面白く観たのは、主人公ソヌを演じるキム・ヒエによって、そこがきっちりと押さえられているからだと思う。夫の浮気が発覚してから離婚するまでのソヌは、まさに「夫を愛しているし信じたい。でも頭がいいからいろいろ気づくし、見て見ぬふりもできない、そして理系ゆえに、どちらにしろエビデンスを見ないと落ち着かない」みたいな女性のリアリティに満ちている。弁護士に「心が決まっていないと」と言われて逡巡し、「掘れば掘るほどクズ」という夫をなかなか見限ることができない。

中盤以降はここに「地方都市のセレブ村社会」の息苦しさが加わる。噂話が最大のレジャーであるコミュニティで、成功したテオの帰還は、同時にソヌへの嘲りとなってゆく。「非地元出身者」

で他人を寄せつけないソヌはそもそも好かれていない。こうした苦悩や逆風をキム・ヒエは、無表情なソヌの微妙な表情の変化のみで演じきる。そして、我慢して我慢して我慢して……ある瞬間にブチ切れる。素晴らしい啖呵を切って敢然と立ち向かう姿は、リアルとのメリハリがあるからこそ、より痛快なのだ。

作品はイギリスのドラマ『女医フォスター～夫の情事　妻の決断』を元に作られたリメイクで、たとえて言うならイギリス版を見た韓国人が「韓国の夫婦だったらこうなるよね～／こうはならないよね～」という感じの違いがある。先に挙げた「セレブ村社会」もそのひとつだが、とくに途中で何度かある「なんで!?」という元夫婦の行動は、私にはきわめて東アジア的に思えた。支配と被支配の関係こそを快楽とする「夫婦の世界」、とくに最終回の展開は、フリーダムな未婚者（私ですが）には「まさかのマクチャン」そのものなのだが、日本の（とくに年配の）既婚者には「理屈抜き、夫婦とはそういうもの」と思う人は多いかもしれない。

『アスダル年代記』で、アスダルでもっともカッコいい男ムベク将軍を演じていたパク・ヘジュンが、韓国ドラマ史上類を見ないほどのクソすぎる夫を演じ、個人的には「私のムベクを返せ！」と画面に叫びたくなった。『愛の不時着』の「耳野郎」ことキム・ヨンミンも、いつもながら憎み切れないおもしろチンケな浮気男として登場する。

品位のある彼女

日本では連ドラのヒロインを演じる女優は10代から30代前半くらいが多いが、韓国ドラマでもっともパワフルな主演女優世代はアラフォーから50代で、『愛の不時着』のソン・イェジン、『ボーイフレンド』のソン・ヘギョ、『Mine』のキム・ソヒョン&イ・ボヨン、『秘密の森』のペ・ドゥナ、『椿の花咲く頃』のコン・ヒョジン、『星から来たあなた』のチョン・ジヒョンなど枚挙にいとまがない。『品位のある彼女』もそんなバリバリの女優ふたり、キム・ソナ（『わたしの名前はキム・サムスン』）とキム・ヒソン（『シンイ—信義』）が存分に魅せてくれる、シニカルな笑いに満ちたサスペンスだ。

품위있는 그녀

物語は、嵐の夜に財閥企業デソンパルプの会長宅で起きた殺人事件から始まる。殺されたのはキム・ソナ演じる会長夫人ボクジャ。彼女はそもそもは年老いた会長の介護人だった。ズーズーの方言と「南大門《ナンデムン》市場で乾物売ってるアジュンマ（おばさん）」みたいなファッションで素朴を装い面接を突破し、わかりやすい「お触り介護」で会長を籠絡、会長に取り入ることを警戒する「不肖の長男」の妻のマウンティングに独特の図々しさで応戦しつつ、気づけば会長をモノにして後妻の座を手に入れたのだ。

そうしたボクジャの前に立ちはだかる手強い存在が、キム・ヒソン演じるアジンである。会長の後継ぎである次男の妻で、家の中では実務を一手に仕切る「嫁」である。家庭も子育ても完璧な彼女は、嫌味のない明るさと美しさ、エネルギッシュなビジネス感覚をあわせ持つ、よくいる「凄腕の元CA」だ。ガンガン稼ぐバリキャリから、ガンガン使う遊び人まであらゆるセレブマダムと社交しその覚えめでたく、アート関連の自分の仕事のみならず、トップダウン営業としてデソンパルプに貢献してきた人でもある。だが、彼女が好かれるもっとも大きな理由は、裏表のなさ、まっすぐさ、周囲との比較でものごとを判断しない性格だ。人を蔑まず悪口を言わず、偏見や先入観を持たず、だが道義に反することは決して許さない。そして——これがボクジャというキャラクターの面白さなのだが——ボクジャはそういうアジンに憧れ、「アジンになりたい」と思っているのである。

ふたりの女優が本当にハマっている。『悲しき恋歌』で大スターになったキム・ヒソンは、明るくまっすぐで、頭の回転はいいのにちょっとおっちょこちょいという愛されキャラクターがよく似合う。アジン役はまさにそういうキャラクターだ。だが、ドラマを引っ張っているのは間違いなくキム・ソナだと思う。どんな貧乏娘でも「華やかな美女」である点は微動だにしないヒソンに対し、華やかなビジネスウーマンから地方訛りのおばちゃん、余命宣告を受けた寂しいOLから市長選に立候補する変な女、ポッチャリからスラリ、笑いからシリアスまでなんでもござれのキム・ソナは、ドラマの中での外見の大変身はもとより、カモであるはずの会長への驚くほどの献身や、その愛情に涙する場面など、ボクジャという人間の複雑さをみごとな説得力で演じている。彼女の言葉通り、人間には「完璧な真実も、完璧な嘘もない」のだ。

やがて明らかになるボクジャの過去は、たしかに悲惨なものだ。だが母子家庭で金銭的に苦労しながら育ったアジンも、境遇としてはさほど変わらない。ボクジャの人生の悲惨さはかならずしも彼女のせいではないが、同時に彼女はアジンを「きらびやかな表街道だけを生きてきた人」と見誤ってもいる。さまざまな作戦をめぐらせて会長夫人に収まったボクジャは、だがそれでもなお飽き足らず、さらなる展開へと突き進む。一方、夫の浮気を知ったアジンは「財閥の奥様の座なんてどーでもいい」とばかりに離婚へとひた走る。セレブの世界でボクジャは「すべてを手に入れた女性」となっていくが、「すべてを失った女」であるはずのアジンはいまだボクジャの憧れを駆り立てる。アジンのものをすべて手に入れ、アジンと同じアクセサリーを身に着けても、ボクジャはアジンになれた気がしない。そして、理由もわからないまま死んでゆく。アジンをそんなふうにしか理解できなかったボクジャの悲しみも見えてくる。

面白いのは、物語の語り手が「殺されたボクジャ」であることだ。つまりドラマは死者の回想録であり、「あのときにこうすれば、私は死なずに済んだのだろうか?」という懺悔録でもある。そこには、生きているときのボクジャには見えていなかった、セレブの世界の嘘と虚飾が克明に描き出されてゆく。セレブたちは、夫の稼ぎやら子どもの成績やら若さと美貌やらで、ことあるごとにマウンティングと欠席裁判をくりかえし、整形やブランド品で表面を飾り立て、「限定品」「会員制」と言われると本質そっちのけで虚栄心をくすぐられ、好き放題に浮気しながら配偶者を自分の所有物だと思っている――ドラマで見るとアホらしさの極みで思わず笑ってしまうのだが、そのスケールダウン版はどこにでも転がっている。誰かが持っているものを自分は持っていない。そこにある幸不幸は、ただの強迫観念でしかないのだ。それに振りまわされないために必要なのは、タイトル通り「品位」なのかもしれない。

韓ドラこぼれ話

韓国人の卵好き

韓国ドラマには食の場面が多い。もっとも多く登場する料理は間違いなくラーメンだと思うが、もっとも多く登場する食材は卵だと思う。韓国人は本当に卵が好きだ。ラーメンだけでなく石焼ビビンパやスンドゥブチゲにも生卵を落とし、ビビンパには目玉焼きをのせ、冷麺は「水」でも「ビビン」でも、ゆで卵がのっている。サムギョプサル（豚バラ焼き肉）にはケランチム（卵蒸し）をあわせ、サウナでは燻製卵を食べ、野菜を卵液に浸して焼いてジョンにし……と卵だらけ。なかでも究極の卵料理は目玉焼きだ。食事の場面では、いくつもの目玉焼きが大皿に盛られて出てきて、人数と合わないと奪いあいが起こったりもする。『応答せよ1988』では主人公ドクソンの家庭で勃発する。貧しいドクソンの家の不文律は「目玉焼きはソウル大生の姉と、長男である弟のもの」というものだ。母親はいつもドクソンに「あなたは黒豆が好きよね～」とプレッシャーをかけ、その不文律を守らせる。だがある日ドクソンはブチ切れて叫ぶ。「私だって目玉焼きが食べたい!!」。ドクソンにとって目玉焼きは、なにかと強いられる我慢の象徴である。

目玉焼きを「譲る」ことは「愛情表現」にもなる。アクション大作『バガボンド』では、主人公ダルゴンがヒロインのヘリに目玉焼きを譲る。彼女が遠慮すると、間髪入れずに「じゃあ俺が」と別の男がかっさらい、ダルゴンは憮然とする。チームは謎の武装集団に襲われて命の瀬戸際だが、そんなときでも「目玉焼きを誰が食うか」は大問題なのだ。

どんだけ卵好きなんだよと思っていたら、『まぶしくて―私たちの輝く時間』では卵売りのおじさんが登場した。なんとトラックに卵だけを満載して売りに来るのだ。1パックは5個×5列の25個入りである。ソウルの中心地ではこれがスタンダードな販売形態ではないだろうが、スーパーでもこのくらいのポーションなのかもしれない。そりゃこれだけ食べてたら、10個なんて1日で終わっちゃうもんね。

6章

悪人のいない世界を描き続ける、韓ドラNo.1のスターPD

シン・ウォンホ作品

もとはKBSに所属していたシン・ウォンホPDは、2011年にケーブル局tvNに移籍、以降大ヒットを連発する超有名プロデューサーだ。世にその名を知らしめた『応答せよ1997』とコンセプトを引き継いだ『応答せよ1994』『応答せよ1988』はすべて大ヒットを記録している。ついで作られた『刑務所のルールブック』『賢い医師生活』もすべて大ヒットである。

韓国ドラマを観ていて、つねづね不思議だなあと思っていたことは、疲れたり傷ついたりした人物が「独りにして」と言うと、相手はかならず「こんなときに独りにしておけない」と、放っておいてくれないことだ。つい最近、韓国の20代の作家にインタビューしたときに尋ねると、彼女は私に全面的に同意して「韓国の人間関係は、だから疲れる」と言っていた。そんな最近の韓国でシン・ウォンホのドラマがヒットするのは納得がいく。刺激的な事件は決して起こらないが、その優しさが心にふれる。ベースには「世界中の人が皆いい人であってほしい」という願いがあると、インタビューでは語っている。

応答せよ1997／応答せよ1994

韓国ドラマを観はじめたころ「あらっ?」と思ったのは、ある作品で女性の胸の谷間にボカシが入ったことである。太古の昔の話で恐縮だが、地上波の2時間ドラマで女性の全裸が平気で映されていた子ども時代を過ごした私には、この儒教的奥ゆかしさは新鮮であった。

だが、ここ10年くらいで韓国のテレビドラマはけっこう変化してきていて、さすがに女性の裸は見かけないが、けっこう大胆なベッドシーンはあったりもする。大きな理由のひとつには、地上波では放送コードにひっかかる表現——主にラブシーンや暴力描写——が可能なケーブルテレビの台頭がある。

응답하라 1997 / 응답하라 1994

もちろん、そういう表現は一部でしかないが、それでも「いろいろできる」という前提があればこそ、発想は格段に自由に広がるものだ。そんな中で、ポンと誕生した「思わぬ新しいもの」が大ヒットドラマ『応答せよ』シリーズである。邦題は原題の韓国語「ウンダッパラ」の直訳だが、この響きもいい。なんかつい口にしたくなる。うんだっぱら。

2013年に第1作『応答せよ1997』が大ヒットを記録、以降『1994』『1988』と3作品が作られたシリーズは、それぞれの年が象徴する時代を舞台に描く青春ものである。

釜山を舞台にした『1997』では、ひとつ屋根の下で暮らす幼馴染み、シウォン（チョン・ウンジ、『その冬、風が吹く』）とユンジェ（ソ・イングク、『元カレは天才詐欺師〜38師機動隊』）の高校の同級生男女6人に、ユンジェの兄（ソン・ジョンホ、『王女の男』）を加えた仲間たちの青春を描く。パソコン通信の時代である。ソウルの下宿が舞台の『1994』では、下宿屋の娘ナジョン（コ・アラ、『花郎』）と兄同然のスレギ（チョンウ、『このエリアのクレイジーX』）を中心に7人の大学生の日常を描く。こちらはポケベルの時代だ。

これらのドラマが普通の青春ものと一線を画したのは、ヒロインの「花婿探し」を謎解き風にしたことだ。ええとよくわかりませんね、つまり、たとえば。『1997』では、物語は現在（2012年）から始まり、主人公たちの高校時代（1997年）と同時並行で描いてゆくのだが、第1話の冒頭で「ヒロインは仲間内の誰かと結婚している」という事実がポンと示される。もし

これがなかったら、世の中ははなから「シウォンとユンジェの恋愛もの」と思って観て、ユンジェの兄がグイグイ出てきても「ライバルがいると盛り上がるんだよな！」程度にしか思わないだろう。だが制作陣はこの「謎」を頭に持ってきた上に、怪しげな匂わせとミスリードをバンバン繰り出して、「ええっ！　ってことは、まさかあいつが犯人？」的なサスペンスのように恋の行方を盛り上げるのである。この「夫探し」がもっとも盛り上がったのがシリーズ３作目の『１９８８』（邦題は『恋のスケッチ〜応答せよ１９８８』）で、終盤が近づくにつれネット上の議論はまっぷたつに割れ、めちゃめちゃ盛り上がった。こちらの作品に関しては、また別にページを割くとして。

　ドラマが青春ものの形を借りながら描くのは、当然ながらその時代のカルチャーと社会である。パソコン通信、ポケベル、たまごっちに加え、韓国カルチャーのファンならばアイドルや俳優ネタも楽しい。『1997』では、時代を代表する2大アイドル「H.O.T」と「Sechs Kies」のファンたちが「どっちが上か」でバトっている姿が楽しいし、「Sechs Kies」の元リーダーだったウン・ジウォンを「ウン・ジウォンそっくり」という転校生役でいけしゃあしゃあと登場させるところなんかもイカしてる。『1994』では家族で観ているドラマにヨン様が登場し、「この俳優は売れない」と話題にする場面とか、イヤめっさ売れますって！と画面にツッコミを入れること請けあいである。

社会の動きから見れば、94年と97年は韓国人には忘れられない年でもある。94年には漢江にかかる聖水《ソンス》大橋が、翌95年にはソウルの三豊《サンプン》百貨店が、ともに手抜き工事が原因で崩壊、近年でいうセウォル号事件のような衝撃を国民に与えた。そして、それらがまるで予兆であったかのように、3年後の97年にアジア通貨危機が起こる。『1997』のヒロインの両親は景気の悪さと大統領選をめぐってケンカをおっぱじめるし、『1994』メンバーの就職は金融危機によって著しく翻弄される。朝鮮戦争後の「漢江の奇跡」と呼ばれる経済発展の意味を問い直すような時代だったのだ。

とはいうものの学生たちの青春は自由で脳天気だ。87年の民主化宣言と88年のソウルオリンピックをまたぐ好景気を背景に、彼らは韓国で初めて完全にカルチャライズされた世代なのだ。ちょうど日本で文化がもっとも多様だった80〜90年代の感覚に近いのは、98年に大統領に就任した金大中《キムデジュン》氏が日本文化の開放を行ったせいかもしれない。本シリーズの監督シン・ウォンホ、作家イ・ウジョンはともに、村上春樹の『ノルウェイの森』を読み、『スラムダンク』の桜木花道の髪型を真似た『１９９４』メンバーと同世代である。彼らが作るいまの韓国ドラマに日本の大人世代がハマるのは、まさにそういう理由からなのだ。

恋のスケッチ
～応答せよ1988～

『応答せよ』シリーズがすごいのは、作品を追うごとに視聴率を上げていること。もっとも人気が高いのは、3作目の『恋のスケッチ～応答せよ1988』である。もちろん『1997』のソ・イングクのキスシーンの上手さは評判となったし、『1994』ではイケメンでもなんでもないチョンウに全韓国がまさかのフォーリンラブではあった。だが、私個人としてもシリーズでどれに一番感動し号泣したかを聞かれれば、ダントツに『1988』である。

日本人にこの作品の世界観を説明するとき、つい例えてしまうのが、1964年の東京オリンピック前の下町を舞台に描いた映画『ALWAYS 三丁目

응답하라 1988

の夕日』だ。私の独断と偏見を承知で言えば、面白さも笑いも涙も『応答せよ1988』のほうが格段に上である。でもまあ似てるんですね。誰もが貧しいがゆえに当然のように助けあい、同時に誰もが夢や希望を持てていた時代――つまるところ、「いまはない世界」へのノスタルジーが。

シリーズの前2作では、物語の主眼は主人公の恋愛だった。「いま」でヒロインの結婚が明かされ、始まる「あのころ」における「夫選び」の最有力候補はヒロインの「家族同然の異性」だ。だが『1988』では、その「夫選び」の設定は踏襲しつつもスタイルとしては明確なホームドラマである。にもかかわらず、シリーズでもっとも「夫選び」のサスペンスが盛り上がったのは「家族同然の異性」枠が一気に4人に拡大したからだ。『1988』では、ヒロインの幼馴染み4人が――もっと言えば同じ横丁に住む4家族が、家族同然に暮らしているのだ。

第1話の冒頭、コミカルな夕食の場面が象徴的だ。不測の事態でご飯が足りない「キム家」の母親が、「ご飯をもらうついでに渡してきて」と次男にサラダを持たせる。階下の「ソン家①」の母親は、「キム家」の次男にご飯とカクテキを持たせる。そうこうするあいだに「ソン家②」の息子は丼いっぱいのカレーを、「ソン家①」の娘は山盛りのサンチュを横丁の各家庭に配達し、それぞれにみかんと海苔をゲット。始まったが最後、止まらない「これどうぞ」と「これ持ってけ」の無限連鎖で、一品しか作っていない男所帯の「チェ家」でも超豪華ディナーの一丁上がりである。毎度の展開のなか、ときに子どもたちはおのおの「おかず」を手に横丁で一堂に会してしまう。もっともクールな「キム家」の次男の「一緒に食べりゃいいじゃんよ……」というつぶやきがなんとも可笑しい。

何がいいって、「横丁ズ」の全員が「ソン家②」の母の料理下手を知っていることだ。『SKYキャッスル〜上流階級の妻たち』なら、ありがた迷惑丸見えの苦笑いで受け取り、ゴミ箱に直行の案件である。だが「横丁ズ」は「マズイってことは、ソニョンさんのだな！」とか言いながら食べる。無遠慮だがねちっこい悪感情はない。もちろん、そう言われれば「ソン家②」の息子は傷つく。母に隠しごとをしない彼が唯一隠すのは、母を心配させること、母が傷つくことだ。貧しい母子家庭ゆえに互いをまっすぐ思いあう「ソン家②」のあり方が「キム家」の母親にはうらやましい。一帯で一番立派な家に住む「キム家」は宝くじで一等を獲得して以来の成金で、次男は悪気なく「学校で必要な金」を水増しして母親に請求する。母は何も聞かずに金を渡す。悪い先輩にカツアゲされている息子は、母が水増しを知っているのを承知で、それ以上の心配をかけたくなくて口をつぐむ。「笑い」として始まる思いのすれ違いは、それが「すれ違い」だったとわかる部分で、すべて「泣き」として回収される。「オンマガミアネ（母さんが悪かった）」「アッパガミアネ（父さんが悪かった）」と謝りながら泣く親たちは、「実は未熟で不安で迷ってばかり」の大人たちの代弁者だ。彼らとともに号泣せずにはいられない。

ヒロインの家「ソン家①」は成金「キム家」の屋敷の半地下に住んでいる。屋敷は周囲より少し嵩上げされているので、厳密な半地下とは少し違うが、玄関はキム家の階下に潜り込むような形だ。映画『パラサイト　半地下の家族』で有名になった「半地下の部屋」は貧しさの象徴だが、この横丁自体にも時代ゆえの貧しさが漂う。あわや一酸化炭素中毒という展開も含めた練炭の描写が多く登場するのは、インフラがまだ整わず、暖房を練炭に頼っているからだ。ガスも巨大ボンベによるプロパンである。

１９８８年のソウル全域がこんな生活と人間関係だったとは思わないが、誰しも何かしら覚えのある風景なのだろう。そうした貧乏の惨めさを子どもだって感じていることを、ドラマは笑いと涙で描いて秀逸だ。とくに「ソン家②」でしわ寄せをくらうのが、ソウル大生の長女と長男である弟に挟まれた次女のヒロインである。「韓国人の目玉焼きへの執着」はしばしばドラマの中に描かれるエピソードだが、ヒロインが人生の最大事のように「私だって毎朝、目玉焼きを食べたい！　チキンだって、私がもらってきたのに、なんでモモ肉じゃなくて手羽なのよ！」と叫ぶ、泣き笑いの場面の素晴らしさ。全世界の次女は首がもげるほどうなずくに違いない。

こうした貧しいながらも助けあう横町の世界に「ノスタルジー」を感じるのは、それがすでに失われているからだろう。１９８８年のソウルオリンピックを契機に、国は低所得者居住区の再開発を一挙に推し進めた。その波はいまも続いていて、『１９８８』のロケ地も失われてしまったらしい。２０００年あたりからは、一部の地域では観光地化も試みられている。バラックを彩色し絵を描いた釜山の「甘川文化村」などは、ノスタルジックな観光地として人気である。

刑務所のルールブック

『応答せよ』シリーズのイ・ウジョン作家は、私がもっとも好きな韓国のテレビ作家のひとりだ。「ドラマ脚本家」と言わないのは、彼女が手掛けるリアリティ番組も大好きだから。『三食ごはん』も『ユン食堂』も『花よりおじいさん』も、どれもこれも笑えて泣けて、すがすがしく感動的なのだ。「日常のひとこまに小さなドラマを見出す」という観点で、現実の映像を再構成するその手法自体がバラエティというよりドラマ的なのだが、脚本ではおそらくその手法を逆算して書いているのだろう。世界観は「日常」である。

主人公のキム・ジェヒョク（パク・ヘス、『イカゲ

슬기로운 감빵생활

ーム』）は大リーグ移籍が決まった野球のスター選手だ。だが渡米を目前に、妹を暴行しようとした男を殴って重傷を負わせ、収監されてしまう――ということで始まった刑務所での日常をドラマは描く。配られる備品は「心を安らかに保つ緑色」とか、かつては人間がしていた入所時の肛門検査をする特殊な機械とか、監房には電気スイッチがないとか、カップ麺食べられるんだ（お湯ぬるいけど……）とか、拘置所&刑務所の「へぇ」が面白いのだが、そういう場面でそもそも一般的な常識や感覚が欠如したジェヒョクがいちいち騙されるのが可笑しい。ジェヒョクは野球以外は何も知らないボケキャラなのだ。

『応答せよ1988』を観た人は、パク・ボゴム演じた天才棋士チェ・テクを思い出すかもしれない。善良で純真ですぐ騙され、状況把握もワンテンポ遅く、常に喋るタイミングを逸する。そういえば、前髪パッツンのおかっぱ的髪型も似てるような気がしてくる。だが、ひょろひょろで童顔のテクに対し、ジェヒョクはめちゃデカい筋肉モリモリ男である。そういうタイプが「飛行機に乗るときは靴脱ぐんだよ」みたいなことを言われてまんまと靴を脱ぎ、はっ！と気づいて「……」となる、そのトボけた感じは何度見ても可笑しい。

刑務所という舞台設定は、イ・ウンジョン作家が得意とする「日常」しかないという意味で秀逸だ。刑務所ものでは「牢名主」中心のカーストが描かれがちだが、ジェヒョクの房に限っていえば、そうしたものはない。刑務所の外では「野球界のスーパースター」とか「ヤクザの親分」

とか「大企業の会社員」とか「お金持ちのお坊ちゃま」とか「エリート将校」とかだったが、役割から解放された監房の中では、皆がほぼイーブンに子どもっぽい。タットリタン（鶏の煮込み料理）に入った唯一のモモ肉を奪いあい、女子刑務所との「お手紙合コン」にはしゃぎ、熱々ラーメンに必要な熱湯の入手作戦を決行し、固定されたテレビのチャンネルを変えるために無い知恵を絞りあう。そうするうちに互いの罪状を知り、罪を犯した事情も知ってゆく。

刑務所には、当然ながら刑務官と受刑者しかいない。だが受刑者はかならずしも悪ではないし、刑務官がみな善良とは限らない。どちらにおいても、「親切顔の悪党」「凶悪犯だけど善人」「弱者のようでしたたか」「明るく見えて悲しい」などなど、人はぜんぜん見かけによらない。

房の中で最長刑期のヤクザの親分（チェ・ムソン、『応答せよ１９８８』）が、彼を「アボジ（父さん）」と呼ぶマンネ（末っ子）の出所に際して言う言葉が泣ける。「20年間いろんなやつを面倒見てきたが、その後に会いに来たやつはいない。でもそれはいいんです。私が優しくしたかっただけだから」。愉快でトボけた「家族」のような関係の合間には、受刑者たちの寄る辺のなさが垣間見える。野球しか知らなかったジェヒョクは、ここで初めて「世の中」を知り、「人間」を知るようになってゆく。

もちろん、「世の中」はそんないい人ばかりではない。刑務官が「ジェヒョクの房はいいやつばかり」と言う監房から一歩出ると、めちゃくちゃ粘着質に彼を狙うやつもいる。「刑務所もの」的な展開から「二度と野球ができないかもしれない」というピンチが訪れ、自暴自棄にもなりかける。だが観終わった後に残るのは、不思議な幸福感だ。「自分を人間扱いしてくれた人は、あなたが初めてだった」と語る仲間たちに送り出されて出所する場面が本当に感動的なのだが、そのときのジェヒョクは、子どもみたいにポカーンとしていた最初のころとは顔つきからまったくの別人になっている。起こったことのすべてが愛おしく、必然だったかに思えてくるドラマなのだ。

全16回のシリーズだが、ほとんどの回が90分超えで、ドラマは盛りだくさんだ。とくに高校時代の野球仲間で親友の刑務官ジュニ（チョン・ギョンホ、『賢い医師生活』）が見てきた「絶対にあきらめない男キム・ジェヒョク伝説」の泣けるエピソードや、刑務所のジェヒョクを支え続ける恋人ジホ（チョン・スジョン、『相続者たち』）とのかわいらしくも不器用な恋愛も心に残る。同房の仲間では、軍のいじめ殺人で冤罪を争うエリート将校（チョン・ヘイン、『よくおごってくれる綺麗なお姉さん』）と、房内で気づけば常にジェヒョクの膝を枕にしている薬物依存症者ヘロリン（イ・ギュヒョン、『秘密の森』）の、面白キャラからは想像できなかった秘密と葛藤も忘れがたい。

Netflix シリーズ「賢い医師生活」Netflix で独占配信中
写真：Everett Collection / アフロ

賢い医師生活

슬기로운 의사생활

最初に書いておきたいことは言いわけだ。このドラマがあまりに好きすぎて、その魅力を要領よく伝えられる気がしない。でもとりあえずは書きはじめてみたい。

ドラマが描くのは、40歳のエリート医師たち5人の友情と、彼らが勤めるソウルの総合病院「ユルジェ病院」の日常だ。韓国ドラマでは、日常を描くうちに出生の秘密とか復讐とか愛憎とかが絡んでくることも多いが、このドラマにはその手のネタはまったくない。日々患者を治療しながら、恋や友情や家族関係に喜怒哀楽する、本当の日常のみである。

5人はソウル医大の同期生で、各分野で名を知られる医師たちだ。彼らが出会ったのは、医大で行われた合宿の飲み会――上級生に言われて下級生が飲み、芸をする的な――からこっそり抜け出して隠れた納屋の中である。40歳のいまとなっては一見「普通のきちんとした大人」になっているが、みな基本的に「組織の論理」とか「ヒエラルキー」とかにあんまりかかわりたくないというタイプだ。

ドラマの最大の魅力は、彼ら5人のキャラクターである。天然かつ天才、臓器移植のプロフェッショナルにしてシングルファザーのイクジュン（チョ・ジョンソク、『ああ、私の幽霊さま』）、イクジュンの妹と交際中の毒舌ツンデレ胸部外科医ジュンワン（チョン・ギョンホ、『刑務所のルールブック』）、実力も人柄も完璧だが音痴なのに歌いたがるのが玉に瑕《きず》の脳外科医ソンファ（チョン・ミド、『マザー〜無償の愛』）、資産家の息子で離婚した母親と二人暮らしのバツイチ産科医ソッキョン（キム・デミョン、『未生―ミセン』）、ユルジェ病院の跡取りで「仏様」とあだ名される小児科医ジョンウォン（ユ・ヨンソク、『応答せよ1994』）。彼らは患者の不安や痛みを取り除くことに心を砕く、「こんなお医者さんがいてくれたら」と思わせる理想の医師であり、穏やかだが甘くはなく、ツボを心得ていて決して感情的にならない、「ついて行きたい」と思わせる理想の上司でもある。

韓国らしいなあと思うのは、とにかく彼らは一緒にメシを食う。韓国では「パンモゴッソ？（ご飯食べた？）」はもはやあいさつと言っていいが、ドラマには本当にものを食べるシーンが多い。カフェでのコーヒー、院内食堂の定食、教授室で集まって食べるキムパ（海苔巻き）、おやつや夜食のカップ麺、そして一話に一回は「何時に終わる？」と示しあわせて、5人でかならず食べに行く夕食。助けられた命を喜び、助けられなかった命を悲しむ「お医者さん」は、一緒にご飯を食べると「学生時代の友達」に戻る。いつものジョークを飛ばし、焼いてるカルビを子どもみたいに奪いあい、いざとなると一丸となる彼らとその関係は、このドラマの魅力的な空気感を作っている。5人はバンドを組んでいるのだが、その練習場面も同様だ。演奏し歌うメロディは、彼らのドラマ内での心境を物語ると同時に、彼らがいまも青春時代と変わらぬ思いで生きていることも感じられる（メインボーカルのチョ・ジョンソクの歌声は本当に心に沁みる。彼はそもそもミュージカルの大スターなのだ！）。

ひとつひとつの命のドラマは、時に涙が出て涙が出てたまらないものもある。だがそれでいて、既存の医療ドラマにありがちなもの——医師どうしの出世競争や、医療と経営の対立、大事件が発生する展開などは、このドラマにはない。ついでに言えば、男性医師を狙う女性看護師とか、女性看護師を弄《もてあそ》ぼうとする男性医師といったステレオタイプも皆無だ。そして男女の同僚の仲を疑う人物には、いちいち「ダサい」「昔の人」「オッサン」という言葉を投げる。

つまるところ「ユルジェ病院」はある種のユートピア的世界であり、それを技術的に、精神的に、そして実は金銭的にさえ、支えているのがこの5人なのだ。もちろん、小さないざこざやどうしようもない悲しみ、格差もある。鈍感な人、無神経な人、偉そうな人もいるが、きちんと話せばわかってくれる人がほとんどだ。時には「ダメだこりゃ」という人もいるが、周囲はそれによって病むにはのんびりと鷹揚で、欠点と同じくらい美点に目が行く程度の心の余裕も持ちあわせている。誰もが当たり前のように他者に優しく、「善き行いがしたい」というまっすぐな気持ちを持ち、同時に誰ひとり「自分こそがヒーローだ」とは思っていない。結果として、誰もがヒーローである世界ができあがっている。現実にはそんなものはありえないからこそ、その世界が本当に愛おしいのだ。

主演の5人は、このドラマで新発見されたミュージカル界のチョン・ミドをはじめ、全員が素晴らしい。シン・ウォンホPDとイ・ウジョン作家の他作品からは、『刑務所のルールブック』のチョン・ギョンホ、『応答せよ１９９４』のユ・ヨンソクがキャストされており、ゆるーいファミリー感もいい。同2作品のキャストは「これでもか！」とカメオ出演しているので、探しながら観るのも韓国ドラマファンには楽しいだろう。そして患者役で特別出演する俳優たちには、バスタオルが必要なほど泣かされる。２シーズンで区切りを迎えたようだが、アメリカのドラマのように何シーズンも重ねていってほしいくらいだ。ここ10年の韓国ドラマで最高の作品を、決して見逃さないでほしい。

7章

韓国ドラマの新しい世界が開ける、

「推しの脚本家」探し

ドラマの命は間違いなく脚本だ。脚本がしっかりしていれば、演出や俳優がよっぽど悪くない限り、ドラマはそこそこ面白くできあがる。ドラマ大国の韓国では、だから脚本家（作家）に注目してドラマを選ぶ視聴者は多い。視聴者の目がそれだけ肥えているとも言える。逆を言えば、そういう世界で脚本家は自身のカラーを生かして作品を生み出すことができる。

だから、どのドラマを観たらいいかわからないときは作家に注目するのが手っ取り早い方法だ。『愛の不時着』のファンは、同じヒョンビン主演の『アルハンブラ宮殿の思い出』より、同じパク・ジウン作家の『星から来たあなた』にハマる可能性のほうが高い。『ヴィンチェンツォ』なら『熱血司祭』、『椿の花咲く頃』なら『サム、マイウェイ～恋の一発逆転！』がハマるだろう。

ここで挙げたのは、あくまで私の推す脚本家だ。1本観て気に入ったら、ぜひ作家を軸に次の作品を観てもらえたらと思う。韓国ドラマの新しい世界がきっと開けるはずだ。

© KBS media / U-NEXT にて配信中

プロデューサー

韓国ドラマにハマると、出演する俳優やアイドルのファンになり、彼らが出演するバラエティ番組もストリーミングで観はじめるのだが、これがまためちゃめちゃ面白い。日本でバラエティ番組といえば、ひな壇にお馴染みの芸人が並んで「内輪ネタの拡大」的な笑いを繰り広げる……という印象が強く、その手の番組をまったく楽しめなかった私はいつしかバラエティ全般を観なくなっていたのだが、韓国バラエティの面白さたるや——まあ、そのあたりはのちほど触れるとして。『プロデューサー』は実在の公営放送局KBSを舞台に、そうしたバラエティ番組を作るPD（プロデューサー）たちの日常を描くドラマである。

프로듀사

ドラマはKBSのバラエティ局に配属されたソウル大卒の新人PDスンチャン（キム・スヒョン、『星から来たあなた』）と、その直属の上司ジュンモPD（チャ・テヒョン、『警察授業』）、イェジンPD（コン・ヒョジン、『椿の花咲く頃』）、お騒がせトップアイドルのシンディ（IU、『マイ・ディア・ミスター〜私のおじさん』）の4人を中心に描いてゆく。

脚本を手掛けるのは『愛の不時着』のパク・ジウンなのだが、この人の何が上手いって「強い（強く見える）女」と「不器用な男」である。このドラマにおいてのそれは、バラエティ局の「女王蜂」ことイェジンPD&トップスターゆえの孤独な崖っぷちに立つシンディ、そして真面目すぎ誠実すぎで、業界的ユルさに対して常に「アニムニダ（ダメです）」と恐れながらも頑固に答えるスンチャンだ。ここにバランサーゆえに優柔不断なジュンモを加え、ジュンモ↑イェジン↑スンチャン↑シンディの「全員片思い」な状況ができあがってゆくのだが、いわゆる韓国ラブコメにありがちな「君ら恋愛ばっかりにうつつ抜かして、ちゃんと仕事しとるんか？」というふうにはならない。むしろ彼らの日常は仕事一色で、その中で味わうプライドや孤独、思いやりや共感によって彼らは恋に落ち、人間的にも成長してゆく。舞台となる業界は華やかだが、ある意味ものすごく普通の世界である。

いわゆる「ラブライン」といわれる恋愛要素がそれほど多く描かれないのは、おそらくこの作品が作られた時期に関係している。ドラマ内のセリフにもあるように、KBSからケーブル局に多くの優秀なプロデューサーが移籍、大ヒットを飛ばすなか、地上波ドラマが「昔ながら」とは別の面白さを追求しはじめたころに作られているのだ。本作においては、とくに前年に大ヒットした恋愛ナシのお仕事ドラマ『未生―ミセン』の影響はおそらくあるのだろう（同作は「ラブラインがない」という理由で、地上波局では企画が通らなかったのだ）。さらに特筆すべきは登場人物の「家族ネタ」がほとんど描かれないこと。家族で泣かせる韓国テイストが好きな人には少し物足りないかもしれないが、だからこそドラマは軽やかで現代的だ。そして主演4人は全員が全員、「この人さえいればドラマは劇的に面白くなる」という名俳優である。たとえば『賢い医師生活』が気に入った人なら、きっと楽しめる作品だろう。

にしても「韓国ドラマ計り知れない」と思うのは、ドラマに登場する番組名がすべて実在のものだということだ。とくにジュンモPDの番組『1泊2日』は現在でもKBSの看板バラエティなのに、「低視聴率で打ち切り寸前」という設定である。日本ならまずこういう設定にはしないだろう。一部モキュメンタリー風（局のドキュメンタリー番組のカメラがPDを取材中という設定）に作られており、ジュンモがカメラに向かって自分の番組を説明する場面もある。笑ってしまうのは「シーズン2はちょっとコケましたが」と言っていること。ジュンモ役のチャ・テヒョンこそがシーズン2からの出演者で、ドラマ放映時はシーズン3に引き続き出演中だったのである。両作品をリアルタイムで観ていた視聴者には、この現実と虚構のクロスオーバーはさぞ楽しかったに違いない。

ちなみに『1泊2日』の生みの親のナ・ヨンソクPDは、人気俳優が田舎での自給自足生活を送るリアリティ番組『三食ごはん』を、ケーブル局ｔｖＮで大ヒットさせた人物。絶妙な編集とテロップで、大したことは起きていないのに、時に爆笑、時に胸にグッとくる彼の番組は、ジュンモＰＤがドラマ内で語る「面白いバラエティ」そのままだ。彼をはじめＫＢＳからケーブル局に移籍したＰＤには、大ヒットドラマシリーズ『応答せよ』を手掛けたシン・ウォンホ、『マイ・ディア・ミスター〜私のおじさん』のキム・ウォンソクなどもいる。ＫＢＳからは本当にすごい人材が輩出している。すべて出ていった人ばかりなのが残念だが。

テレビ局が舞台だけに、スターたちの実名によるカメオ出演も多い。たとえば、オスカー俳優ユン・ヨジョン（『ミナリ』）＝「怖い大御所」とか、ガールズグループNiziUのプロデューサーとして日本でもおなじみのＪＹＰ＝「前向きに空気読まない出たがりキャラ」、国民的大スターのイ・スンギ（『華麗なる遺産』）＝「好感度ばっかり気にするトップスター」といった面々が、セルフイメージそのままの自分を嬉々として演じている。この３人も含め、韓国のスターはその人本来の仕事のみにとどまらない。俳優であれ歌手であれ、番組ＭＣはやるわ、冠バラエティで笑いはとるわ、サウンドトラックでプロ顔負けの歌声を披露するわで、「ストイックに本業一筋」の人が「位が上」のように扱われる日本とはまったく違う。もちろん、どちらがいいということではない。だが韓国のスターには、なんだかすごい「エンターテイナーとしてのタフさ」みたいなものがあるのだ。そんなことも実感できるドラマである。

最高の愛
～恋はドゥグンドゥグン～

私の記憶が確かなら、チャ・スンウォンは韓国で最初にハイブランドであるプラダに採用されたトップモデルだ。１時間ほどの単独ロングインタビューをしたことがあるのだが、この世代には珍しい１８７㎝のスラッとした長身で頭が異常なほど小さく、めちゃめちゃ顔が（っていうかヒゲが）濃い。誰もそうは呼ばないが、個人的にずーっと「チャスン」と呼んでいるので、この原稿もチャスンで進めたいのだが、ともあれ。チャスンの日本での認知度がいまひとつ低い理由は、このアダルトな毛深さにあるんじゃないかと思う。日本における韓国ドラマのDVD販売などが韓国ドラマを「シュッとした色白ツ

최고의 사랑

ルンのイケメン王子様のラブコメ」みたいな売り方しかしないことの罪である。もちろんそういうドラマもぜんぜん嫌いじゃないが、それのみが韓国ドラマのように思われるのは口惜しい。そこをわかってもらうのにぴったりの作品が、チャスンの最高傑作『最高の愛』である。

ドラマは、国民的大スター俳優トッコ・ジン（チャ・スンウォン）と、元アイドルの売れないタレント、エジョン（コン・ヒョジン）の恋愛を描いていく（ちなみに韓国には漢字2文字の名字もあることをこのドラマで知った。トッコは「獨孤」である）。

エジョンは一世を風靡した4人組アイドル「国宝少女」の一員だったのだが、グループはさまざまなスキャンダルとともに謎の解散を遂げ、以降は好感度最悪の売れないタレントとして芸能界にぎりぎり踏みとどまっている。一方のトッコはハリウッド進出も噂される映画界の大スターだ。10年前、芸能界に彗星のようにあらわれる直前、彼は心臓の大手術をしているのだが、その最中に手術室でかかっていたのが、国宝少女の大ヒット曲「恋はドゥグンドゥグン（ドキドキ）」だ。ひょんなことからエジョンと知りあったトッコは、彼女の携帯電話の着メロのその曲を聞くたびになぜか心臓が「ドゥグンドゥグン」してしまい、もしやこれは……という勘違いから、ふたりの恋が始まってゆく。

「大スターと売れないタレント」とか「運命的な心臓手術」とか「最悪の出会い」とか「勘違いから始まる恋」とか、作品には一般的な韓国ラブコメの記号が満載だ。さらに大スターのトッコは「ナルシストのオレ様」で、初めての告白の舞台はなんと、貸し切りの夜の遊園地だ。だが「光栄だとか、ありがとうとか、何か言うことはないのか?」と聞かれたエジョンは、「光栄だしありがたいですが、私、ぜんぜんドキドキしないので」と、すぱっと断る。

以降、告白されるたびにエジョンは「絶対に好きにならない」と拒否し続け、トッコにまったく「うっとり」してくれない。もちろん後半にはエジョンも変化していくのだが、基本的にトッコに対して何も求めない。むしろ、間違いなく彼の人気の障害になる「好感度最低女」との恋愛から「全速で逃げたほうがいい」と言い続けるのだ。つまり、ドラマがほぼ一貫して描き続けるのはトッコの片思いである。そして「愛されること」ばかりだった男は、しだいに「愛することのほうがカッコいいんじゃねえか?」と気づき、天下無敵の前向きさとオモシロ大スターぶりでそれを実践してゆくのだ。

韓国ドラマではよく脚本家が取り沙汰されるのだが(というか、ドラマの良し悪しは脚本で8割が決まるので当然といえば当然のことなのだ)、この作品を手掛けたのは人気の「ホン姉妹」だ。日本でとくに知られているのはチャン・グンソク主演の『美男《イケメン》ですね』で、私は同ドラマを「日本人好みのツンデレ男を完成させた作品」と位置づけている。トッコはその流れを汲む「ナルシストでオレ様な大スター」である。私はグンちゃん演じる「壁ドン系」のロックスターにドン引きしたのだが、トッコにはそうはならなかった。多少のキャラクターの違いはあるのだが、そこにはふたりの役に対する解釈と表現の違い、そして演技者その人の資質が関係しているように思う。一時も手を抜かないナルシストぶりを、少女マンガそのままに極めた（そして自分のキャラクターになげていった）グンちゃんの一方で、チャスンはオモシロ変人度が高めである。フェミニズム全盛のいまの韓国とは時代が違うので「壁ドン」的な描写はそれなりにあるのだが、キャラクターに少女マンガとは異なる人間味があり、大人の余裕も漂う。

もちろんグンちゃんも決して悪くはない。だが個人的には、グンちゃんに「すみません」と謝りたいくらい、段違いにトッコが好きだ。何が好きって、チャスン（じゃなくてトッコですが）が恋によって変わっていくところが好きなのだ。15話のあまりのカッコよさに心を奪われない人はいない。「女子は」ではない。全人類がトッコの愛情に拍手喝采を送りたくなるのだ。

ここまで読んで薄々感じている韓ドラファンもいるかもしれないが、本作は2019年の大ヒット作『キム秘書はいったい、なぜ？』によく似ている。作り手がこの作品のファンなのかもしれない。もちろん『キム秘書』も面白かったが、こちらでも「すみません」と謝りたいくらい、段違いに『最高の愛』が好きだ。何が好きって、ドラマ全体を覆う怨念や確執がないところ。それは、とことんお人好しで不器用なエジョンのキャラクターによるところが大きい。チャスンの上手さや魅力ばかりを書いたが、みずからの不幸をまったく恨まずに生きるヒロインを演じてコン・ヒョジンの右に出る者はいない。観終わった後の爽快感といったらないのである。

© Juhan Noh / Netflix シリーズ「キングダム」Netflix で独占配信中

キングダム

2016年に公開され、世界的に大ヒットした韓国のゾンビ映画『新感染　ファイナル・エクスプレス』の監督ヨン・サンホにインタビューしたときのこと。それまで韓国ではほとんど見なかった「ゾンビもの」を作った理由を聞いたところ、「ウェブトゥーンで多くの「ゾンビもの」が描かれていて、受け入れてもらえると感じたから」という答えが返ってきた。おそらく監督も目にしていただろうゾンビもののひとつ「Burning Hell　神の国」が、ネットフリックスの大ヒットシリーズ『キングダム』の原作だ。李氏朝鮮時代を舞台に描いたゾンビもののアクションスリラーである。

킹덤

物語は、王が病に倒れ数日が経ったところから始まる。「王は死んだのではないか」という噂が飛び交うなか、朝廷を牛耳るチョ・ハクチュ領議政《ヨンイジョン》（朝廷の最高権力者）と、その娘の王妃に面会を謝絶されたイ・チャン世子《セジャ》は、王の病状を知ろうと寝所に忍び込み、そこで血なまぐさい怪物に遭遇する。真相を突き止めるべく、故郷に帰った王の主治医を訪ねるが、閉鎖された診療所の床下には50体もの変死体が。通報を受けた役所はこれを回収するが、夜になると死体が一体、また一体と動きはじめ、次々と人を喰いはじめたのだ。

「ゾンビもの」のキモはゾンビの生態――「オリジナルゾンビ」からの踏襲とアレンジ――にあり、それによって作品が何をめざしているのかが見えてくる。たとえばアメリカの人気テレビシリーズ『ウォーキング・デッド』のゾンビはそれほど速くは走れないし、ゾンビに噛まれてから死ぬまで（つまりゾンビになるまで）の時間も、噛まれた場所や傷の程度によりまちまちだ。だが、韓国人の「パリパリ（早く早く）」の精神性を継承するKゾンビは、何をするにもめっちゃ速い。常に小走りで移動しており、獲物を見つけると猛スピードで走る。そしてゾンビにちょっとでも噛まれたら、手のひらとかふくらはぎとか、致命傷とは思えない場所でもすぐにゾンビ化する。そして、人に会えば「パンモゴッソ？（ご飯食べた？）」と聞く、「ひとりご飯」が嫌いな国民性ゆえだろうか、ゾンビも「お食事」は常に集団である。『ウォーキング・デッド』のような、個人行動する野良のゾンビはあまり見かけない。総合的に言うと、劇中で逃げている人間にも、観ているこっちにも、考える暇をぜんぜん与えてくれないのだ。

この作品の独自のアレンジは「動けるのは夜だけ」という点だ。これがあるがゆえに、ほぼ夜のみの「暗闇を突っ走るジェットコースター」のようなアクションシーンと同時に、昼間を使って王室内で進行する手の混んだ陰謀のドラマを描くことができる。最初のゾンビを作ったチョ・ハクチュの思惑、その娘が父親さえ欺く陰惨な企み、まさかの裏切りとどんでん返し、そしてようやく倒した昼間の敵が夜にはゾンビになってカムバックする。冗談も大概にしてほしいという、ホラーとしては最高の面白さである。

そもそも金のかかる時代劇に、無数のゾンビが登場するアクションシーンはどれだけ金がかかっているのかと思う。とくにシーズン2は第1話から飛ばしまくりで、ダイナミックなアクションの連続だ。ことにシーズン1のラストからシーズン2の冒頭へと続く城塞戦は凄まじい。ゾンビの大軍を迎え撃つ尚州の城塞は、油や竹槍を積んだ大八車で城の前を固め、塀の直前には大きな落とし穴も用意する。だがゾンビの数があまりに多くて、落とし穴が埋まってしまう。大砲で撃っても撃ってもきりがないほど押し寄せるゾンビに、木製の塀はなぎ倒され、世子が率いる軍勢は撤退を余儀なくされる。城内に抜ける隘路では、開いているはずの扉が太い鎖と南京錠によって閉じられている。これを破壊するのが早いか、なだれ込むゾンビが早いか――ギリギリの攻防、その壮絶な幕切れたるや。「手に汗握る」程度の言葉ではまったく足りない。

NYタイムズが選ぶ2019年のインターナショナルTVショーのトップ10本の中に選ばれ、シーズン2の公開時にはタイムズスクエアに巨大な広告まで出たという人気もうなずける。「韓国ドメスティック」でしかありえないと思われた時代劇であっても、つまるところ面白ければ国境など簡単に越えるということだろう。全部で6部作とも8部作ともいわれているシリーズは現在、最新作のスピンオフ『キングダム：アシンの物語』までの3シーズンが公開されており、まだしばらくは楽しめそうだ。

ちなみに原作のウェブトゥーンだが、原作者は本ドラマの脚本家であるキム・ウニ作家である。最初から映像化を見越して作ったようだが、ヨン・サンホ監督と同じように、「ゾンビもの」というジャンルと、身体が切断される描写がテレビでは不可能と考え、ネットフリックスでの映像化に至ったらしい。インタビューなどによると、大好きなゾンビものと時代劇を組み合わせた作品を作りたいと構想しはじめたのは2010年あたり。このころにイギリスでは、ジェーン・オースティンの世界をベースに描いた『高慢と偏見とゾンビ』（セス・グレアム＝スミス著）が書かれ、日本では宮藤官九郎が歌舞伎座で『大江戸りびんぐでっど』を上演している。「時代劇＋ゾンビ」という同じアイディアが、国境を越えて各国の天才により同時多発しているのが、なんだか面白い。

あなたが眠っている間に

당신이 잠든 사이에

　2021年1月に兵役から戻ったイ・ジョンソクは、もっとも人気のあるアラサー世代のスターのひとりだ。世間の注目を集めたのは、ヒョンビン主演の大ヒット作『シークレット・ガーデン』で演じた若き天才作曲家の役で、その後も「なんかしら才能があるクールでちょっと生意気な（年下）イケメン」といったキャラクターを演じて、スターの地位を確立した。イ・ジョンソクのファンであればそれが最高なのだろうが、ひたすらに「面白いドラマ」のファンである私は、そういう型通りのキャラクターにはあまり魅力を感じない。私が推すのは、彼を主演に3作品のドラマを書いているパク・ヘリョン作家の『あなたが眠っている間に』だ。演じているのは、「検事という肩書きがなければ無駄に手脚が長いだけの人」と周囲に囁かれる、不器用な新人検事である。

ドラマは、休職中の記者ホンジュ（ペ・スジ、『スタートアップ：夢の扉』）と向かいに越してきた新人検事ジェチャン（イ・ジョンソク）、さらに警察官ウタク（チョン・ヘイン、『よくおごってくれる綺麗なお姉さん』）の出会いから始まる。バレンタインデーの前夜、「死傷事故を起こしたホンジュが、冤罪を主張したまま自殺する夢」を見たジェチャンは、翌日にすべてが夢通りに再現されつつあることに気づく。かなり無謀な行動で事故を阻止したジェチャンの「予知夢」をホンジュが信じられたのは、彼女自身が幼いころから無数の予知夢を見てきたからだ。一方、この事故で死ぬはずだったウタクもまた、ジェチャンに生命を救われる。以来、揃って予知夢を見るようになった3人は、そこで起こった悲劇を未然に防ぐために協力しはじめる。

ドラマの展開そのものは一般的に言う「事件もの」「裁判もの」だが、ここに「予知夢」が絡んでサスペンスを盛り上げる。「事件を未然に防げるのか？」でハラハラするわけだが、夢は時にものすごく断片的だったり、見る人間によって異なる展開になっていることもあり、そのあたりの謎解きも効いている。「自分が殺されていた」という展開や、タイムトラベル的な予知夢の利用法なども示され、アイディアも満点だ。

そうしたなかで、ジェチャンとホンジュの父親が殺害された13年前の事件が語られてゆく。ふたりの父親は周囲の人々を守るためにみずから犠牲になったのだが、そうしたヒーロー的行為を、ふたりはかならずしも「誇り」と思ってはいない。とくにジェチャンは、当初はその反動で「事なかれ主義」の検事になる気満々なのだ。これがさまざまな出会いによって変わってゆくのだが――ドラマのミソは、それでも決してジェチャンがヒーロー的にならないことである。

ジェチャンはアホでナルシスト気味の男だ。カッコいいもの、かわいいものの前ではかならずキメ顔&ピースサインで写真を撮り、容疑者取り調べの決めゼリフをこっそり研究&練習し、強気のハッタリをかました直後には「ミッチョックナ！　オットケ！（血迷った！　どうしよう！）」と慌てふためき――その行動は、既存のドラマのヒロイン的ですらある。検事として優秀でないという自覚もあり、肩肘張らずに人に頼るし、自分の手柄にこだわったりもしない。

ジェチャンのそんな性格は、ドラマの中にほとんど「（存命の）父親」が登場しないことと無縁ではない。作品にはパク・ヘリョン作家の「父権主義的縦社会」への明確な目配せがあるように思う。たとえば、3人がはじめ解決したのは、金にものを言わせた母娘への支配とDVをめぐる事件だし、その事件の弁護士で、ドラマ全編を通して敵となるユボム（イ・サンヨプ、『今週妻が浮気します』）は「勝つこと」のみにこだわる、まさに父権主義的社会の申し子のような男だ。韓国のホモソーシャルの象徴である「ヒョン（兄貴）」の呼び名も、肉親を除けばジェチャンからユボム（高校時代のジェチャンの家庭教師）に対してのみ使われ、逆に恋愛における支配関係を象徴する男性への呼称「オッパ」を使わずにすむよう、ジェチャンとホンジュは同年齢だ。同作家の最近作『スタートアップ：夢の扉』と同様に、最終的に残る平和的なコミュニティは「女性のみの血縁グループ」と「支配者として君臨する気のない男性」という組み合わせである。

それを踏まえて日本語字幕を見ると、ジェチャンの一人称が「俺」であることには違和感しかない。そもそも韓国語の一人称は、性別にかかわらず「ナ（わたし）」と「チェ（わたくし）」のみだ。もちろん明確な「オレ様キャラ」ならそれも構わないが、ジェチャンは前述のようなヒロイン的要素も持ちあわせ、つらいときにはホンジュの肩を借りて泣くようなタイプだ。「ジェチャン＝俺」「ウタク＝僕」という形ばかりの差別化や、「日本女性は〝オレ様男〟が好き」という安直な判断は、それ自体がある種の刷り込みである。そうした考えを再考すべきタイミングが来ていると思う。韓国ドラマからは「オレ様キャラ」が急激に減っていることも、付け加えておきたい。

実は、13年前の事件の遠因にも、父権主義的価値観の歪みが影を落としている。ドラマにはもうひとりの事件関係者が秘かに配置されていて、そこにもまた「予知夢」が絡んでいる。笑いとシリアスのバランス、ほどほどのラブライン、謎解きとサスペンスで中だるみなく進み、3人の犯罪被害者たちが「癒やし」と「許し」と「救い」にたどり着く最終回には号泣させられる。当代の人気若手3人に加え、ネタバレになるので誰とは言えないが、何しろ脇役が素晴らしい。そういうドラマが面白くないわけがないのだ。

ライブ
～君こそが生きる理由～

日本で話題になる韓国ドラマは「甘い格差恋愛もの」「上流階級のドロドロ劇」「衝撃のサスペンス」という作品が多いのだが、この手の作品は「デミグラスソースのハンバーグwith目玉焼きとチーズのせ」みたいなものだ。お楽しみが全部盛りで、ガツンとわかりやすく美味しいが、心身が疲れているときは「今日はいらないかも」と思うし、何度も食べれば飽きてくる。名作は意外と「今日の白ごはん定食」みたいなものだったりもする。メインのおかずはその作品によるが、それも特別なものではなく、リアルで日常的なもの。たとえば『未生―ミセン』『賢い医師生活』『マイ・ディア・ミスター～私のお

라이브

じさん』『ブラックドッグ〜新米教師コ・ハヌル』、そして分署の制服警官たちの日常を描いた『ライブ〜君こそが生きる理由』（日本語の副題はいただけない……）もそういう作品である。

ドラマは主人公のジョンオ（チョン・ユミ、『82年生まれ、キム・ジヨン』）のままならない就職活動から始まる。韓国の就職活動は、企業が必要なタイミングで募集をかけ、学生は随時就職フェアなどに参加する。25歳のジョンオは何度も参加しているが、面接における性差別やセクハラに嫌気がさし、性差別のない公務員試験で警官になろうと決める。そして警察学校を経て配属されたのが、韓国で一番忙しい「ホンイル分署」である。

ホンイル分署はソウルの渋谷、弘大《ホンデ》のイメージに近い場所らしく（事件ものなどの場合、韓国ドラマでは実在の地名はほぼ使われない）、ジョンオを含めた3人の新人たちは、入るなり「酔っ払い対応」にもみくちゃにされる。ケンカの仲裁に無銭飲食、路上で寝ている人の保護、彼らがパトカーや分署内で吐いた嘔吐物の処理。華々しい「刑事ドラマ」のような仕事をイメージしていた新人たちは「もっと大事件にかかわりたいのに。殺人事件とか」と、ついボヤく。先輩たちが一斉に「キッ！」と睨みつけたのは、仮にも警官が殺人事件を望むことの不謹慎、そして「口にすると実際に起きてしまう」というジンクスがあるからである。

そして事件はひっきりなしに起こりはじめる。「母を助けて」というSNSからの通報の主を一帯虱潰しで探しあて、学校では屋上から飛び降りようとした少年を身体を張って救う。性的暴行の通報で駆けつけたホテルでは女性が舌を嚙み切られ、悲鳴が聞こえた家ではDVによって女性が殺され、マンションの一室から逃亡した外国人娼婦は行方不明のまま……現場に放り込まれ、いっぱいいっぱいの新人たちは、状況報告と見張りくらいしかできない。大事件の解決なんて夢のまた夢で、現場の証拠を台無しにするわ、単独行動で大怪我するわでミス連発である。そんな中で働く先輩たち――最初はちょっとバカにしていた組織末端の彼らの姿を見ながら、新人たちは少しずつ成長していく。先輩たちは「警官ほど割に合わない仕事はない!」と常に我が身を呪いながら、事件が起きれば――時に「事件」と言えないほどの小さな事件でさえも――現場に急行し、解決に全力を傾ける。華々しい世界とは無縁の人たちが、見捨てられ、事件に巻き込まれ、悲しみ泣く姿を目の前で見ている彼らは、それをおろそかに扱うことができない。

3人の新人は警官になりたかったわけではない。必要だったのは安定した仕事だ。パニック障害の母とふたりで生きるジョンオをはじめ、幼いころにひき逃げで父を失い、食うや食わずの生活を味わったサンス(イ・グァンス、『大丈夫、愛だ』)も、事故で片腕を失った父に代わり妹たちの学費を稼ぐヘリ(イ・ジュヨン、『保健教師アン・ウニョン』)も、見捨てられた人生を生きのびてきた。そこに共通する「破綻した家父長制」が犯罪被害者の境遇に共鳴し、彼らはそれぞれの小さな使命を見つけてゆく。とくに「女はクビになっても自分ひとりが困るだけ」という先輩警官のセリフに「私も家長です」と反発したジョンオは、「傷つけられた女性たち」を助けることに自分の警官としての意味を見出してゆくのだ。

　韓国における#MeToo運動の盛り上がり以前から、作品にフェミニズム的視点を忍ばせていた脚本家ノ・ヒギョン作家は、このドラマの後半の大きな柱として連続強姦殺人事件を描き、そこにDV通報が日常化したある家庭の姉妹、先輩警官ヤンチョン（ペ・ソンウ）の娘と恋人の関係、さらにヤンチョンの妻で刑事のジャンミ（ペ・ジョンオク、『哲仁王后』）だけが知るジョンオの過去を絡めながら、ドラマをラストまで引っ張っていく。犯罪捜査ものとしてのスピード感（まさにタイトル通りのライブ感）はもちろんだが、それをエンタテインメントのみに終わらせない15話が素晴らしい。性教育の絶対的な必要性と「生理の貧困」にまでふれたそのエピソードに、これまでどこかミステリアスだったジョンオの絶対に引けない思いが重なっていく下りには、胸を締めつけられる。

　そして、その一方で、人生に敗北した「父」の優しさを描くこともドラマは忘れていない。もうひとりの主人公、強行班（日本で言えば捜査一課）のエリート刑事から制服警官に降格され、妻からは離婚を宣言されたヤンチョンがそれを体現する。暴力的な父を責めながら生きてきたヤンチョンは、離婚によって実は自分が父とそっくりであることに気づき、変化していく。大嫌いなヤンチョンの相棒にされたサンスと、定年間近のサムボ（イ・オル、『ストーブリーグ』）とのコンビを「ジジイと組まされた」と不満げだったヘリが、それぞれを父親のように慕っていくのも心に残る。

警察、それも末端の警官たちの仕事は、おそろしく理不尽だ。権力者や金持ちは彼らを平気で踏みつけにするし、一般市民ですら日頃の憂さを晴らすように暴力をふるい、暴言を吐いたりもする。つい頭にきて反撃でもしようものなら監察が出てきて、下手すれば「一発アウト」である。組織は彼らをまったく守らない。それどころか、何かの拍子で世論が怒りだせば、上層部の「弾除け」として切り捨てられることもある。わずかな給料で休日返上で働いても、きっと世界は変わらない。だが、犯人逮捕と被害者救出という小さな勝利と、ビールとチキンの安上りな祝杯だけを喜びとして生きる彼らを見ると、こういう人たちこそが世界を守っているのだと胸が熱くなる。

8章

顔がいいだけじゃない！
推しのイケメン出演作

イケメンは韓国ドラマには欠かせない要素だ。だが「イケメン」と聞いて思い浮かべる人は、それこそ100人いれば100人が異なるに違いない。韓国ドラマブームで「推しのイケメン」という連載を持つようになった私は、それこそ100本ノックのようにイケメンネタで原稿を書いているのだが、極私的に思い浮かべるイケメンの原稿は、かならずしも書けていない。最近のブームで広く観られる作品は若手イケメンのものが多いが、私が推したい人の中には、もう少し大人だったり、「この人ってイケメン？」と言われてしまいそうな人もいるからだ。もちろん、誰がなんと言おうと私的にはイケメンだが。

何しろ韓国の芸能界はイケメンだらけだ。あっちにもこっちにもイケメン、石を投げればイケメンである。そういう中で「イケメン」として作品の真ん中に立つには、逆説的だが、おのずとイケメン以上の価値が求められる。韓国イケメンが、ただのイケメンにとどまらない理由はそこにある。

麗〈レイ〉
～花萌ゆる8人の皇子たち～

いまの日本の韓国ドラマブームは、ネット配信されるケーブル局の最新作、最近の若手スターの作品に偏重気味だが、韓国ドラマのクオリティを支えているのは40オーバーの実力派俳優たちだ。『賢い医師生活』のチョ・ジョンソク、『キルミー・ヒールミー』のチソン、『熱血司祭』のキム・ナムギル、『ボイス～112の奇跡』のチャン・ヒョク、『ストーブリーグ』のナムグン・ミンあたりは、何を見てもハズさない。2020年に大ヒットした『悪の花』の主演俳優イ・ジュンギもそのひとりで、時代劇ではチャン・ヒョクと二大巨頭といっていい。主演作『麗〈レイ〉～花萌ゆる8人の皇子たち』は、韓国

달의 연인 – 보보경심 려

はもとより、中国の配信では再生回数20億回を突破した大ヒット作である。

原題を直訳すれば『月の恋人』なのに、いかにもラブコメラブコメした邦題が忌々しい。確かにイケメンだらけの作品ではあるが、ドラマファンにこそ観てほしい作品だ。主人公は現代から1000年前、建国したばかりの高麗の王宮にタイムスリップし、王家の親類の女性へ・スに成り代わって生きることになってしまった女性（IU、『マイ・ディア・ミスター～私のおじさん』）だ。

話数の多い韓国ドラマでは「4回目あたりから面白くなる」という作品もなきにしもあらずなのだが、本当に面白いドラマは初回から釘付けになるものだ。本作でそれを担うのが、まさにイ・ジュンギ演じる第四皇子ワン・ソである。ヒロインが現代の公園で池に飛び込んだら高麗時代の温泉に出て、目の前には真っ裸のイケメン皇子たち――という『テルマエ・ロマエ』も真っ青のオモシロ展開をつんざくように、ワン・ソは登場する。黒い馬にまたがり、長髪をなびかせ久々に高麗に帰還した皇子、その視線は刺さりそうなほど鋭い。長い前髪で隠す顔半分には、よく見ると不気味なメタルのマスク。変な話だが、抜き身の日本刀のようだ。怖くて触れられないが、その鋭利な美しさに釘付けになる。聞けばイ・ジュンギは、20代のイケメン俳優たちの真ん中に立つために10kgもダイエットをしたらしい。

顔にある大きな傷ゆえに「血なまぐさい狼犬」と周囲に忌み嫌われるソ皇子は、地方豪族に人質として送られていた。呼び戻されたのは、第一皇子暗殺の陰謀が露見したためだ。初回からトップギアに入った権力闘争、その首謀者は、ソの同腹の兄で第二皇子のワン・ヨ（ホン・ジョンヒョン、『絶対彼氏。』）を王にしたいユ皇后である。王と第一皇子に「臣下」として忠誠を誓うソは、だが母の愛の渇望するあまり、その悪事を暴くことができない。ヨの最大のライバルは、人柄、品格、知性と三拍子揃った第八皇子ワン・ウク（カン・ハヌル、『椿の花咲く頃』）だが、王位を熱望しているのはむしろ野心ギラギラの妹ヨナ皇女（カン・ハンナ、『スタートアップ：夢の扉』）だ。かかわりたくもない王権争いに巻き込まれるソとウクは、それゆえに王宮で唯一自由な存在であるヘ・スに慰めを見出し、愛するようになる。そして、だからこそヘ・スは陰謀に利用され、ふたりは彼女を守るために権力を欲するようになっていく。すでに悲しく切ない展開しかありえない。

イ・ジュンギの時代劇が面白いのは、彼のビジュアルが時代劇に向いているから、そして彼が時代劇を好んでいるからだろう。私がインタビュー取材した際に話していたのは、とくにアクションシーンへの強いこだわりだ。韓国の時代劇の色鮮やかな衣装は、旋回するとドレスのように広がる。これを意識して俯瞰でとらえたアクションはダイナミックで美しい。イ・ジュンギはこうした場面を、演出面でもコミットしながら作り上げる俳優なのだ。本作ではほぼ黒装束なので少し事情が異なるが、アクションのカッコよさでは他の追随を許さない。

ラブストーリーとしての演出も、イ・ジュンギの魅力を十二分に知った上でのものだ。小柄なＩＵを腰から抱き寄せ、顎の線を強調するかのようにやや小首をかしげて切れ長の目から視線を流す。カン・ハヌルも同様にくりかえされる超どアップは、まさにその距離感で見つめられるへ・スの「ドキドキ」を視聴者にそのまま体験してもらう狙いだろう。

同時期に放映のイケメン総出演の時代劇に『花郎《ファラン》』があり、主演のパク・ソジュンは私の「推し」でもあるが、年季の違いは明確だ。フレッシュで若々しい『花郎』も魅力的だが、ドラマの厚みや美術の美しさにおいては本作が勝る。付け加えるなら、IUも抜群に上手い。中盤以降、へ・スは『マイ・ディア・ミスター～私のおじさん』レベルの不幸に見舞われる。IUでなければ、ここまでは泣けなかったかもしれない。

イ・ジュンギのデビュー作は意外にも、草彅剛主演の日韓合作映画『ホテル ビーナス』で、大スターになったのは2年後の主演作『王の男』だ。暴君・燕山君に寵愛される芸人を演じ、その美貌で大フィーバーを巻き起こした。チャン・ドンゴン（『アスダル年代記』）やチョン・ウソン（映画『私の頭の中の消しゴム』）のような「バタ臭系」が主流だった韓国のイケメンの概念に、「切れ長一重まぶた」を加えて確立したひとりと言っていい。そこから11年後の本作では、イケメン皇子たちは多くが一重、奥二重のすっきり系である。中でも、男性なのに山口百恵（古い……）に激似のカン・ハヌル、『まぶしくて―私たちの輝く時間』のナム・ジュヒョク、『ストーブリーグ』のユン・ソヌは私の推しである。ぜひ注目していただきたい。

サム、マイウェイ
～恋の一発逆転！～

쌈 마이웨이

『梨泰院クラス』で世界的に大ブレイク、次回作はハリウッドのアメコミ映画『ザ・マーベルズ』というパク・ソジュン。「ラブコメの神」と呼ばれるその過去作は、変わり者の御曹司を演じた『キム秘書はいったい、なぜ？』、アメリカ帰りのファッション誌編集長を演じた『彼女はキレイだった』など、日本でも次々とヒットしている。もちろん、そういうキラキラ系の作品も悪くはないが、私が彼の作品でもっとも好きなのは『サム、マイウェイ～恋の一発逆転！』だ。タイトルを日本語に訳せば「三流の、俺の道」である。

ソジュン演じるドンマンは、高校時代にはテコンドーの国体選手だったが、ある事件をきっかけに競技をやめ、いまは害虫駆除の仕事をしている。ドンマンの部屋の向かいに住む幼馴染みで親友のエラ（キム・ジウォン、『アスダル年代記』）はアナウンサー志望だったが、いまは司法試験浪人の恋人に貢ぐだけの毎日だ。だが「三流の人生」を歩むふたりの夢と恋は、30歳を目前に突然動き出す。どうせバカにされる人生なら、好きなもののために生きると決めたのだ。

ドラマが描くのは、このふたりに、それぞれの親友で交際中のジュマン（アン・ジェホン、『恋のスケッチ〜応答せよ1988』）とソリ（ソン・ハユン、『サンドゥ、学校へ行こう！』）のカップルを加えた4人の、明るくもシケた青春だ。4人はアメリカのドラマ『フレンズ』のように、同じ集合住宅「ナミルヴィラ」の隣と向かいの3部屋に住み、同居家族のように無遠慮に行き来している。どんな夢も見られた幼いころはとっくに過ぎたのに、会社勤めをせず、年がら年中Tシャツ&ジャージのドンマンとエラは学生時代のそのままだ。だが、同級生から会社の上司から通りすがりのガキまでが、それなりに楽しくやっている彼らを勝手に見下してくる。当然激しく落ち込むが、自分以上に相手がコケにされることに怒り、「20年見てきた私は知ってる。あんたは大成する男よ」「オレはバカにされてもいい、お前はされるな」と互いを勇気づける。

地方出身で立派な学歴もコネもない彼らは、就職難にあえぐ韓国の若者世代そのものなのだろう。だがドラマはそれを決して暗くは描かない。キャラクターたちはすがすがしいほどの不器用さで、その苦境を正面突破しようとする。「お前の胸がときめく場所が、お前の大舞台じゃないか！」「人がなんと言おうと、私たちは私たちの道をゆく！」と前を向くのだ。ドラマのロケ地が釜山なのもいい。彼らが住むのは貧しいが明るくしゃれたタルトンネ（家賃の安いバラック群の町）で、風景の中には時おり海も見える。都会的で洗練されたソウルの都心とは異なり、どこか開放的でおおらかだ。漂う空気は、同じ作家が書いた『椿の花咲く頃』の海辺の街とよく似ている。同作でカン・ハヌルが演じた、垢抜けないが底抜けに人が良く、「もろ男子」だが女子を決して下に見ないキャラクターもドンマンに通じる。頭に血が上るとトロット（演歌）がかかるオモシロ演出も、観終えた後のすがすがしさもそっくりだ。

韓国放送時に話題となったのは、ふたりのなかなか進まない恋愛だ。ドンマンとエラが好きあっているのは誰の目にも明らかだが、20年も近すぎる関係だったがゆえに、なかなかあと一歩を踏み出さない。エラは「切ない片思い」こそしてはいないが、初恋相手のドンマンのことをずっと嫌いではない。だがドンマンは、そういう感情に徹底して疎い。エラの恋愛に口を出し、泣かせた男をぶん殴りもするが、運動バカゆえに「自分はエラが好きなのでは」と自覚できず、あと一歩のところでいちいちスカしてオモシロ会話にしてしまう。男女のイチャイチャが大好きな韓国の視聴者は「てか、さっさとくっつけや‼」とジリジリしたのか、視聴率はやや苦戦したようだが、私に言わせれば、ふたりのそういう不器用さこそがめちゃくちゃ笑えるし、かわいく微笑ましいのだ。

だがその反面で、このじゃれあうような友達カップルが一部熱狂的な支持も得たことは、パク・ソジュンが「国民のナムサチン」という愛称を獲得したことからもわかる。「ナムチン」（ナムジャ・チング＝彼氏）と「ナムサチン」（ナムジャ・サラム・チング＝男友達）の違いは、一般的に明確な定義として「セックス的なもの」のありなしだが、面白いのは、パク・ソジュンは本作を含めたあらゆるドラマで、かならず「（セックスを）もう我慢できない」というセリフを吐いていることだ。その鍛え上げた身体できっちりと視聴者をドキドキさせ、かならず自慢の背中を見せる形でガバっと服を脱ぐ。つまり、ドラマにしてはしっかりめのベッドシーンをやっているのだ。にもかかわらず、「夜のお色気」より「太陽の下の好感度」が勝る。どのラブコメの最終回でも、かならず相手の女性と結婚（プロポーズ）しているのも面白い。

パク・ソジュン以外のメンバーも、本作以降みな大活躍している。親友ジュマン役のアン・ジェホン（『恋愛体質〜30歳になれば大丈夫』）、エラが貢いでいた司法試験浪人生役のクァク・ドンヨン（『ヴィンチェンツォ』）、ドンマンの高校の同級生にチェ・ウシク（映画『パラサイト　半地下の家族』）、ドンマンの因縁のライバル役のキム・ゴヌ（『ライブ』）、ドンマンの元彼女の悪女にイ・エリヤ（『補佐官』シリーズ）など。みんなが仲が良く楽しそうに演じているのが、観ているこちらの楽しさにもつながっている。

ここに来て抱きしめて

이리와 안아줘

韓国ドラマに限らず、俳優の期待度は共演者の顔ぶれである程度わかるものだ。本作の主演俳優チャン・ギヨンは、日本ではまだそれほど知られてはいないが、韓国での期待はかなり高い。「鬼畜借金取り」を強烈な印象で演じた『マイ・ディア・ミスター～私のおじさん』ではイ・ソンギュンとIUと共演し、2020年8月の軍隊入隊直前に撮影した最新作では大スター、ソン・ヘギョ（イ・ビョンホン、ヒョンビン、ソン・ジュンギを実生活でモノにした）と共演である。26歳の初主演作である本作での共演者は、いまの韓国で悪役を演じれば最強の大俳優ホ・ジュノ（『キングダム』）。その役は、主人公を苦しめ続ける父親にして、国中を震撼させる連続殺人犯である。

物語は中学時代から始まる。主人公ナム（子ども時代：ナム・ダルム）は、転校してきた有名俳優の娘ナグォン（子ども時代：リュ・ハンビ）と恋に落ちる。ナムを溺愛する父親ヒジェは「恋愛は男を軟弱にする、排除すべきもの」とナグォンを殺そうとするが、居合わせたナムがギリギリのところでこれを阻止。父の正体を知ったナムは被害者への贖罪のために警察官になり、ナグォンは「有名になればナムと再会できる」と信じて芸能界へ。一方、ナムの証言で逮捕された父は、息子の警察学校卒業のタイミングで獄中から手記を出版。さらに脱獄して、ナグォン（チン・ギジュ、『麗〈レイ〉～花萌ゆる8人の皇子たち』）を付け狙いはじめるのだ。

ドラマでチャン・ギヨンが登場するのは警察大学時代からなのだが、イケメン好きな人はここでハートを奪われるだろう。立ち姿、とくに制服姿が恐ろしくカッコいいのだ。あまりに小さい顔と１８７㎝の長身、広い肩幅と厚い胸板は、完全にマンガの超絶バランスである。この世代でモデル出身の俳優のスタンダードが公称１８７㎝（なんと大きすぎるのを嫌って低く言う人もいる！）で、もはや「全員・東出昌大状態」なのだが、これには単に「背の高い男はカッコいい」という以上の意味がある。画づくりがぜんぜん変わってくるのだ。顔のアップと同じくらい、その全身を見せる引きの画が多くなる。本作では（実は、次の作品『恋愛ワードを入力してください』でも）満開の桜並木に立つ場面が印象的なのだが、ここにヒロインのチン・ギジュ（１７０㎝）と並び立って美しい画にならないはずがない。スクリーンの大俳優にぜひなってほしい人だ。

さて、彼の演じる主人公ナムは、事件以降ほとんどの感情を封印している。被害者遺族が彼を罵り、蹴り、生卵をぶつけてもされるがままだし、無責任かつ偏見に満ちた言葉にも「遺族を苦しめないでください」「父はサイコパスでも息子に遺伝はしません」と淡々と応じる。耐え続けるナムの哀しさは承知だが、そのあり方は「加害者家族」のイメージ（理不尽な人生への怒り、ひと目を避けて生きるなど）とかけ離れていて、何やら得体がしれない。実はそこがこのキャラクターのキモなのだが、これが鋭い目の奥に虚無を漂わせるチャン・ギヨンにピッタリとハマっている。ナムがそこまでするのは、感情に任せることで「自分の中にある父親と同じ狂気」が発動するのを恐れるからだ。ナグォンを付け狙う父親が「俺を殺したいだろ？　お前は俺と同じだ」とナムを煽るのは、悪によって息子を支配したいのである。韓国ドラマファンには「知らんがな」と言われそうだが、つまりナムと父親は映画『ダークナイト』におけるバットマンとジョーカーである。

この父と息子の互角の激突がすごい。以前あるドラマで、ホ・ジュノの演じる悪役があまりにド迫力で、ユルい主人公が勝つ展開が白々しく思え、観るのをやめてしまったことがあるのだが、チャン・ギヨンは身体のデカさ、みなぎる殺気でぜんぜん負けていない。その眼力がすごいのは、まばたきを決してしないせいである。ところが同じ目が、ナグォンと対する場面では嘘のように優しくなる。目から出るビームの強弱とか、身体から出る汁の酸性度とかを調節できる体質だろうか。戸惑い気味に小さな笑顔を浮かべ、叱られてシュンとし……ナグォンといるときのナムは、「唯一甘えられる大好きなご主人様と一緒にいるデカい闘犬」みたいな感じのギャップ萌えがある。ちなみに「ナグォン」とは漢字で書くと「楽園」。ナムにとって彼女は唯一の楽園なのである。

だが、こんな甘い幸せはふたりきりのときだけで、どんなにまっとうに生きてもナムは「殺人鬼の息子」と石を投げられ、父親は自分の信者を操ってナグォンを襲わせ、ふたりの関係をマスコミは興味本位にほじくり、世間は後ろ指をさす。ひとりのときしか泣けないナムも、ふたりのときしか安心できないナグォンも可哀想で可哀想で、このふたりがハッピーエンドを迎えられなかったら私が死ぬ……くらいの気持ちになる。

いいドラマは当然ながら脇役もいい。父に心酔しながら認めてもらえないナムのこじらせ兄貴（キム・ギョンナム、『刑務所のルールブック』）と、夫の連れ子ふたりをわが子同然に愛する義母（ソ・ジョンヨン、『よくおごってくれる綺麗なお姉さん』）との関係や、ナムをかわいがる心優しい上司（チョン・インギ、『元カレは天才詐欺師～38師機動隊』）など、泣かせるいい話だらけだ。そしてホ・ジュノに並ぶほどの悪役、報道の自由を盾にふたりを蹂躙する記者役のキム・ソヒョンのあまりに強烈な存在感。この作品のインパクトが、『ＳＫＹキャッスル』の鬼コーディネーター役につながっていったのは言うまでもない。

ただ愛する仲

그냥 사랑하는 사이

アイドル出身の俳優＝「演技ドル」は、もはや韓国ドラマでは欠かせない存在となっているが、とはいえ「この人は天性の俳優かも」と思わせる人はそれほど多くはない。アイドルグループ2PMのイ・ジュノは、そう感じさせるひとりだ。イ・ソンミン（『未生──ミセン』）主演の秀作『記憶〜愛する人へ』では、部下役のジュノの軽やかな存在感がシリアスな物語をホッとさせてくれたし、憎みきれない悪役を演じた『キム課長とソ理事〜Blavo! Your Life』では、ナムグン・ミン（『ストーブリーグ』）との抜群のコンビぶりで楽しませてくれた。本作は、そんな彼の初の単独主演作である。見たらジュノを好きにならずにいられない、俳優としての彼の力量を感じられる作品だ。

物語は12年前、多くの死傷者を出したショッピングモール崩落事故から始まる。主人公のふたり、ガンドゥ（イ・ジュノ）とムンス（ウォン・ジナ、『ライフ』）は事故の生存者であり被害者遺族だ。事故当時、同じ場所に数日間閉じ込められていたふたりは、互いを励ましあいながら生き延びたのだが、ムンスはそのときの記憶を失っている。一方、ガンドゥはいまもフラッシュバックと幻聴に悩まされている。

「いくつかの偶然」を経た後、モール跡地の再開発事業の現場で、ふたりはふたたびめぐり会う。設計士のムンスは、現場管理で働くガンドゥが完成した慰霊碑を破壊したことを知り、彼が被害者か遺族であることを察する。一方、ムンスが現場でうずくまる姿を目撃したガンドゥも、彼女が被害者であることに気づく。過去を精算するためにこのプロジェクトに参加したムンスは、ガンドゥにそれとなく事故との関係を尋ねるが、ガンドゥは他人をそこに踏み込ませない。慰霊碑の破壊という行為は、ガンドゥの心の傷がいまだ生々しい証拠でもある。

ドラマの最大の魅力は、ジュノの当て書きで生み出されたという、ガンドゥというキャラクターだ。ガンドゥは崩落事故で現場責任者だった父親を失い、みずからも心身に大きな傷を負った。事故後は病気の母の治療費と妹の学費のために多額の借金をし、いまもその返済をし続けている。現場仕事から夜の店の用心棒まで、あらゆる仕事を請け負いながら糊口をしのいでいるが、生活は最底辺だ。おそらくガンドゥは、事故現場の瓦礫にもっとも長く閉じ込められていた被害者でもあり、本当につらいときに手を差し伸べてくれる人はほとんどいないことを知っている。そして、だからこそ「誰も助けようとしない」という場面が耐えられない。自分を危険にさらしても、苦しんでいる人を助けてしまうのだ。

ガンドゥがムンスに興味を持ったのは、ムンスがそんな自分にそっくりだったからである。ケンカして道端でズタボロになり転がっていた自分を、自分よりずっと身体の小さなムンスが助けてくれたのだ。似たところはまだある。苦しいときに他人に助けを求められない、痛いときに痛い、つらいときにつらいと言えないことだ。工事現場に掘られた深い穴に、誤って落ちたムンスをガンドゥが助ける場面が印象的だ。穴の底でただ膝を抱え座っていたムンスに、ガンドゥが腕を伸ばして引き上げる。勢い余ったムンスの顔がガンドゥの鼻先に来る。韓国ドラマで恋が始まるお約束のようなこの場面で、ガンドゥは即座にムンスをはねのける。ガンドゥの中にある「生き延びた人間の罪悪感」は、自分が幸せになることを無意識に遠ざけている。本当に繊細に進んでいくふたりの恋からは、このドラマが恋愛以外のものを描こうとしていることが伝わってくる。

ドラマはモール跡地の再開発を追いながら、事故で傷つき、何かを失い、人生が変わってしまった人々の癒やしと再生を優しく描いてゆく。現場を仕切る設計事務所の代表ジュウォン（イ・ギウ、『記憶〜愛する人へ』）は事故の責任を負って自殺した建築士の息子であり、開発を担当する建築会社の室長ユジン（カン・ハンナ、『スタートアップ：夢の扉』）は、事故によってジュウォンとの婚約を解消するはめになった。4人はやがて四角関係になっていくのだが、ドラマが感動的なのは、彼らが「今度は決して壊れないものを築こう」という思いで、個人的な感情を超えてゆくことだ。くりかえされるのは、「過去は変えられない、大切なのはこれから」というセリフである。

何のために生きているのかわからなかったガンドゥが「ムンスと出会ってから、ただ、明日が来るのが楽しみになった」と言う、それだけでなんだか胸がポッと温まる。そんなドラマだ。ガンドゥの境遇は『マイ・ディア・ミスター～私のおじさん』に近く、住まいも同様、バラックが立ち並ぶタルトンネ（月の町）だ。どちらも映像の美しさが魅力のドラマだが、あちらで多用されたモチーフが「寂しげな月夜」だったのに対し、こちらは「きらめく海」だ。幼いころの彼に最初に手を差し伸べた、口の悪い金貸しのハルモニ（ナ・ムニ、『ディア・マイ・フレンド』）との関係も、どこか「私」と「おじさん」に通じるものがある。彼女の「つらい記憶は掘り返さず、埋めておけばいい。そこから何かしらの芽が出てくることもある」というセリフが心に残る。「粗にして野だが卑ではない」人々が、悲しみや諦念の中から生み出した哲学は、少し切ないが温かい。

太陽を抱く月

그냥 사랑하는

韓流ブームが大フィーバー真っ最中の中国で、「嫌韓令」が出されたのは2016年のこと。韓国ドラマの放映の制限、韓国芸能人の活動の制限、ビザ発給の制限……などなど、韓国カルチャー全般におよぶ規制は解かれないまま現在に至っており、その理由が韓国のミサイル防衛システムの配備に対する報復などと聞くと、ったくまいどまいど中国ってえ国は……と思うわけだが、そんな中でも中国で絶大な人気を誇っているのがキム・スヒョンである。『サイコだけど大丈夫』のギャラは、一説には昨年の韓国ドラマで最高額の一話2000万円、ってことは一シーズン16本で3億円超えだ。

『太陽を抱く月』は彼を大スターにしたドラマだ。物語は主人公である王イ・フォンの世子時代（子ども時代：ヨ・ジング）に始まる。フォンは親友の妹ホ・ヨヌ（子ども時代：キム・ユジョン）に初恋し結婚することになるのだが、その前夜にヨヌは何者かによって毒殺されてしまう。8年後、王になったフォンのもとにヨヌとそっくりな巫女があらわれ、やがてヨヌの死の秘密と、さらにその11年前に起きたある陰謀の真相が明かされてゆくのだ。陰謀によって引き裂かれた初恋と運命的な再会を描く、韓国時代劇のお決まりの物語は手堅い面白さなのだが、この作品のエポックは「政治の主体」でなく「恋愛の主体」としての王を初めて描いたことだ。以降、このパターンがロマンティック・コメディ時代劇の定番となったのは、王というキャラクターが韓国ドラマファンのニーズにぴったりとハマったからだろう。王は「究極のツンデレ男」なのである。

韓国ドラマが描く「ツンデレ男」「オレ様キャラ」は多くが財閥御曹司だが、彼らはしょせん「野良のツンデレ」で、その「ツン」は技術として「デレ」との使い分けが可能である。これに対し王様の「ツン」は「生き様」だ。自分を丁重に扱う者たちに囲まれて育ち、自分が周囲をぞんざいに扱うのは当たり前、敬語は両親以上の王族の他にはほぼ使ったことがない。ここでもまた「野良のツンデレ」と一緒にしてはいけないのは、御曹司の「上からの物言い」が相手に対する意識的なマウンティングであるのに対し、王にはそんなチンケな意識はないことだ。単に上からしかものを言ったことがないゆえに、優雅でさえある。

そうした生き方――他者への圧、威厳、カリスマ性は、陰謀渦巻く王室を生き抜くための術でもある。周囲に猫っかわいがりされた（つまり相手に「デレ」された）経験はない。そんなことでは生き抜く強さを身につけられないからだ。『根の深い木』の世宗は武闘派の父・太宗にパワハラ的にギリギリ締め上げられ、『華政』の光海は宣祖に「お前はなんて名前だっけ」と嫌がらせされ、『トンイ』の英祖は成人するまで継母に命を狙われ続け、『秘密の扉』ではその英祖が息子・思悼世子《サド》を米櫃《こめびつ》の中で餓死させている。なんぼなんでも餓死ってのは行き過ぎだが、つまり先代は必要に迫られて息子に「デレデレすんなや！！！　ボーッとしてたら死ぬで！」と叩き込むのだ。結果、王はもはや「デレ」のなんたるかがまったくわからない、それって食べ物？　美味しいの？　みたいな非常に不器用な男でもある。

こうしたキャラクターにキム・スヒョンは恐ろしいほど上手くハマる。政敵の娘である王妃に対しては得意の「ツン」を発動し、悪魔的な笑顔を浮かべながらトドメの言葉を囁けるのに、初恋の人そっくりの巫女に対しては、「デレ」したいのに「デレ」する方法がわからず大混乱におちいり、「お前ごときがっ……！」と精一杯の「ツン」で王の威厳を保とうと突っ張ってみるも目には涙が溢れてしまう。恋する相手に（この時点においては）ぜんぜん相手にしてもらえないのもいい。相手は「神の女」なのだから、王といえどもモノにはできないのだ。究極のツンデレの究極の片思いとはこのこと。言い換えれば「韓ドラファン激萌え」である。

これだけでもすでに素晴らしく上手くできたドラマなのだが、さらにツボを心得ているのが、王様の近くにほんの数人だけ「心を許せる存在」を置いていることだ。子どものころからずっと世話をしてきた「内官」（宦官）と、さらに「心を許せる親友」と「護衛武官」である。彼らは王にとって「デレ発動」とはいかないまでも「ツン解除」できる相手であり、ドラマの緊張を緩め、ほっとさせてくれるお楽しみでもある。とくに「親友」「護衛武官」との関係は、いまや韓国ドラマに欠かすことのできない「ブロマンス」の走りと言っていい。

かつての韓国時代劇は、多くが「事実ベース」の史劇や大河ドラマで、主人公は王や女王、偉大な将軍を中心に、賤民から上り詰めた医者とか、中国の王妃になった貢女、権力に楯突いた義賊、才覚のみで大成功した伝説の商人などがスタンダードだった。『太陽を抱く月』はそれをガラリと書き換え、李氏朝鮮の架空の王を主人公にした、新しい時代劇のあり方を作って大ヒットした。もちろん、本作で注目を集めたのはキム・スヒョンだけではない。とくに子ども時代のキャストは、世子＝ヨ・ジング（『王になった男』）、親友＝イム・シワン（『それでも僕らは走り続ける』）、初恋の人＝キム・ユジョン（『雲が描いた月明り』）、王妃＝キム・ソヒョン（『恋するアプリ Love Alarm』）など、ほとんどが主役級スターとして活躍中である。

韓ドラこぼれ話

食べ物あれこれ・伝統的習慣

韓国では誰かが刑務所から出所するとき、迎えの人間は豆腐を持っていく。白い豆腐は「潔白」の象徴で、これを食べることでまっさらになるといった意味があるらしい。『ナビレラ―それでも蝶は舞う』では、出所する父と行き違いで会えなかった主人公チェロクが、帰ってきてから豆腐チゲを食べる場面がある。わだかまりはありながらも、チェロクは父親を愛しているんだなとわかる場面だ。

『SKYキャッスル〜上流階級の妻たち』では、舞台の超高級住宅地に引っ越してきたスイムが、奥様方にラップで包んだ小豆のシルットゥ（蒸し餅）を配る。日本同様に「赤は魔を避けるもの」で、引っ越したときには赤い小豆の餅を持っていくのが習慣なのだ。ソウルの上流階級の妻たちが「……」となるのが可笑しいのだが、自然豊かな江原道《カンウォンド》を舞台にした『海街チャチャチャ』では、逆にソウルから越してきた歯科医ヘジンがホン班長に「近所に餅を配らなきゃダメだろ！」と叱られる。

最近よく言われる食べ物習慣（？）は、ほぼ国民食であるラーメンをめぐるもの。女性から男性への「ラーメン食べてく?」は「誘ってる」と取られてしまうというものだ。『サム、マイウェイ』では、ヒロインのエラが家まで送ってくれたデート相手にそう尋ねて、パク・ソジュン演じるドンマンが猛然と阻止しようとする。エラにはまったくそんなつもりはないのに。たしか、同じパク・ソジュン主演の『キム秘書はいったい、なぜ?』でも似たような下りがあった。こういう思い込みはイカンなと思う一方で、日本では「コーヒーでも飲んでく?」という言葉が同じような感覚で使われた時代があったなあなんてことも思い出す。それがほんとに誘い文句かどうかはさておき、食べ物と飲み物という違いは興味深い。あいさつ代わりに「ご飯食べた?」と聞く韓国人は、やっぱり「食べる」のだ。

9章

いま観ても面白い、いま観るから面白い
伝説の大ヒットドラマ

ケーブル局がドラマで勢いを得る以前、日本に入ってくるのは地上波で無敵に大ヒットしたドラマばかりだった。宣伝文句に並ぶ「視聴率40％超え！」といった言葉は、よくよく聞けばケーブル再放送などで取った視聴率を加算する場合もあったようだ。想像するに、そうした混沌は韓国のテレビ業界がまだ若かったからで、だからこそ国民的なヒット作が生まれ、手探りゆえに意欲的なアイディアに果敢に挑戦した作品が生まれたのだと思う。

ここに紹介したのは、2000年代に放送され、ストリーミングなどでいまも観られるごく一部のドラマだ。これ以外にも、年下男子との恋を初めて描いた『私の名前はキム・サムスン』や、同性愛の含みを許容した『コーヒープリンス１号店』、80年代のギラギラな不動産開発を描いた『ジャイアント』、ガチなスパイ・アクション『IRIS―アイリス』なども忘れがたい。いま活躍中の大スターが「あ、こんなところに！」と発見できるのも楽しい。

オールイン
〜運命の賭け〜

올인

NHKが仕掛けた韓国ドラマブーム第一波で、ヨン様とほぼ同時期に日本に紹介されたのがイ・ビョンホンである。最初に放映された主演作『美しき日々』の役どころは「暗い目をしたオレ様ツンデレ」という感じで、ヨン様が『冬のソナタ』で演じた「真っ白な王子様イメージ」とは対象的だ。「あなたはどっちが好み?」という両面作戦である。実のところ、私はどっちのドラマも観たが、どっちのファンにもならなかった。断然ビョンホン派になったのは『オールイン〜運命の賭け』がきっかけだ。演じるキム・イナは、波乱の人生を歩む天才的ギャンブラーである。イカサマ賭博師の叔父とともに、幼いころから賭場を渡り歩く日々を送ってきたイナは、10代にして天才的なギャンブラーになる。そんな中で出会ったのが、両親を失い借金まみれの叔父とともに暮らす少女スヨンと、どこか拗《す》ねた金持ちのお坊ちゃまジョンウォンだ。スヨンを襲う借金取りを蹴散らしたイナとジョンウォンは誤ってヤクザを死なせてしまい、イナだけがこの罪をかぶって服役する。7年後、リゾート開発が始まったばかりの済州島のカジノで3人は運命的に再会。ギャンブルの才能で職を得たイナは、スヨンとの将来を夢見はじめるが――ここからが波乱万丈の始まりである。イナが心から望む小さな幸せは、いつもあと一歩というところで指の隙間からこぼれ落ちてゆく。カジノの世界にうごめく権力と欲望、そして過去の因縁がイナの才能を放っておかない。過去を精算するための賭博に駆り出され、殺人事件の濡れ衣を着せられ、海外での逃亡生活が始まり、やがては組織の一員となり、抗争に巻き込まれて生死の境を彷徨《さまよ》い……とにかくドラマティックこの上ない。

ドラマの見どころは、なんといってもイ・ビョンホンである。完全に個人的な思い入れであるのを承知で言えば、日本人の大人世代（えらくアバウト）において、『冬ソナ』のヨン様を「なんか好きになれない」という人はいても、『オールイン』のビョンホンを好きになれないという人はいないんじゃないだろうか。ビョンホンは言うたら「高倉健」だ。若い大人世代はご存知ないかもしれないが、つまりは寡黙で真面目で不器用で、そして愛も友情も一途で決して揺るがないのである。愛する女性を人前でぞんざいに扱うのは不器用だから、みたいな前世代の男性特有のダメな感じとはまったく違う。むしろ、愛する女性といるときは他人の目があろうがなかろうが見え見えのデレデレだが、「愛」という言葉だけが言えないのだ。本作内でも比較的ストレートに愛情表現する韓国的なキャラクターが多いなか、天才的勝負師のイナだけが、スヨンに対してだけ「愛」を口にできない。そのことが、イナのスヨンへの愛情を、他とは違うまったく特別なものにしているのだ。

いやでもね、イナさん、あなたのまっすぐさはわかるんですけど。ここまで面白くしてどうするの？ってくらいに、ふたりはあと一歩というところで、ことごとく一緒になれない。二度目の別れで、最後にどうしてもスヨンの声を聞きたくて港で電話し、彼の帰りを楽しみに待っているスヨンに何も言えずに号泣するイナ。三度目の別れで、イナを待ちわびた末に「運命はまたすれ違ってしまったんだ……」と悟ってさめざめと泣くスヨン。もう号泣である。

スヨンの代わりに言わせてもらえれば、イナはちょっとまっすぐすぎるし義理堅すぎるのだ。だが、その義理堅さによって見込まれ、大勝負に出たいと思っている人間の右腕として、まるですごろくみたいに大物になってゆく。そして賭けに出ればその才能ゆえに勝ってしまい、ますます「小さな幸せ」とは対極の場所へと流されてしまうのだ。そしてドラマは最後の大勝負になだれ込んでゆく。待っているのは、済州島のリゾート開発の利権をめぐる、ジョンウォン――切った張ったの世界を生き抜く切れ者へと成長した、かつての親友との直接対決だ。

運命に翻弄され続けながらも、「死んだ後もイナを愛し続ける」と語るスヨン、自分とかかわったがゆえのスヨンの悲しみに「自分には愛する権利はない」と視線を落とすイナ、そして、愛するスヨンの悲しみを癒やしてやりたいのに、彼女を幸せにできるのはイナだけだと実は知っているジョンウォン。韓国ドラマの歴史に残る大メロドラマだ。悲しみと孤独を抱えたイ・ビョンホン、笑顔がどこか寂しげなソン・ヘギョ、ふたりが悲しいほどに美しく、役に完璧にハマっている。ふたりがこの後、私生活でも恋愛関係になったのも「そりゃそうだよね」と納得してしまう。

もちろん、それ以外のキャストも素晴らしい。ジョンウォン役のチソン（『医師ヨハン』）は、いまや主演ドラマが途切れない俳優だ。ちなみにこの数年後には、同じスタッフ、同じ時代背景で、チソン主演のドラマ『太陽をのみ込め』（こちらも面白い）を制作している。イナの相棒を演じたのは大俳優ホ・ジュノ（『ここに来て抱きしめて』）。主演ふたりの子ども時代を演じたチング（『太陽の末裔』）とハン・ジミン（『知ってるワイフ』）など、中心のキャラクターを演じた人たちは現在のドラマ界を支えるスターばかりだ。さまざまな意味で、伝説の作品と呼ばれるにふさわしい。

© SBS / U-NEXT にて配信中

華麗なる遺産

ケーブルテレビが地上波がやらない刺激的なドラマを作るようになる以前、２０１０年あたりまでは、韓国で大ヒットするのは「ベタなドロドロ展開なのに、ドロドロな印象にならない」というドラマが多かった。２００9年に放送され最高視聴率47％を獲得した『華麗なる遺産』は、まさにそういう作品だ。この作品のドロドロ感のなさは、主演ふたりの爽やかなイメージによるところが大きいと思う。演じたのは、韓国の人気スターで「国民の弟」と呼ばれたイ・スンギ（『花遊記《ファユギ》』）と、「この人は歳をとらないのだろうか？」と思わせる国民的清純派スター、ハン・ヒョジュ（『トンイ』）である。

찬란한 유산

物語は外食産業大手「チンソン」の相続をめぐるさまざまな思惑と陰謀、そこにかかわる4人の男女の四角関係を描いていく。ヒョジュ演じるウンソンは、会社経営者を父に持つ、明るく前向きで負けん気なお嬢様。スンギ演じるファンは「チンソン」の社長スクチャを祖母に持つ、傲慢でわがままな放蕩息子。同じ飛行機で留学先のNYから戻ったふたりは、誤ってお互いの荷物を持ち帰ったことで出会う。ウンソンのファンへの第一印象は最悪だ。

帰国したウンソンには、あらゆる不幸が襲いかかる。まず会社の経営不振で父が行方をくらまし事故遺体として発見される。これをきっかけに正体をあらわにした父の後妻ソンヒ（キム・ミスク）は、判別不能の遺体を確認して密かに保険金を受け取り、「今後は別に生きよう」とウンソンに宣言。さらに、ウンソンの弟でサヴァン症候群のウヌ（ヨン・ジュンソク、『サメ〜愛の黙示録』）を「迷子になった」とかなんとか言いながら、どこぞに捨ててきてしまう。鬼畜である。

そんなことを想像すらしないウンソンには、驚くべき幸運が。ある偶然から命を救った相手が「チンソン」の社長スクチャで、彼女に見込まれて（もちろん売上アップの条件つきで）会社の後継者に指名されたのだ。そして、同居するためにスクチャに連れてこられた屋敷で、あのクソ御曹司ファンと再会する。この展開にカチーン！ときたファンはウンソンに対抗し、犬猿の仲のふたりは同じ店で働くことになる。

これでもかこれでもかの逆風の中で、それでも笑顔で前に進み続けるウンソンは、誰からも愛されるキャラクターだ。アホみたいな大きなリボンをつけて、お婆ちゃんたちに混じって路上でぜんぜん売れない手づくり餃子を売るエピソードなんて、字面で読むとマッチ売りの少女かと思うが、本人は「ま、初日だし!」とまったくめげない。まさにハン・ヒョジュ持ち前の明るさだ。そんな彼女を好きになり、陰に日向に助ける王子様的存在も登場する。チンソンの重役の息子ジュンセだ(ペ・スビン、『トンイ』)。

対して、そんな彼女の何もかもが気に入らないファンは、前半の「ムカつく悪役パート」を一手に引き受ける。そういう役を演じても「本気で憎い」悪役にならないのが、イ・スンギが「国民の弟」といわれる所以でもある。「生意気な年下男子」という感じで、意地悪しても、怒鳴っても、怖い顔しても、「はいはい、わかったわかった」という気持ちになってしまう。相手にしてくれない年上女性への想いを「お姉さん(ヌナ)は僕の女だから」と歌ったデビュー曲で一世風靡した歌手なので、その影響があるのかもしれない。

ともあれ、こういう最悪の出会いから始まるラブコメがもっとも面白い。世代がバレバレだが、私がファンを見て思い出すのは『キャンディ・キャンディ』で、なぜかキャンディを好きになる意地悪男ニールである。だがニールと違うファンのかわいさは、恋することで人生のすべてに素直になり、どんどん大人になっていくところだ。ジュンセほどスマートに優しくはできないけど一生懸命で、たとえば眠っているウンソンが日差しで目を覚まさないよう影を作ったり――と、これがこの手の不器用男子をあらわす韓ドラの記号的な愛情表現なのである。本作は、こうした韓ドラのラブコメ好きが「待ってました！」と言わずにおれないお約束が満載だ。

ふたりが心を通わせた後の後半は、四角関係のもうひとり、高校時代からずっとファンのことを愛し続けているスンミ（ムン・チェウォン、『グッド・ドクター』）が存在感を増してゆく。実はスンミはウンソンの義母ソンヒの連れ子で、母がウンソンにした悪事のすべてを知っている。だが、葛藤しながらも本当のことを言わないのは、スンミがファンをあきらめられないからだ。母はチンソンを手に入れる目的でスンミとファンの結婚を後押しし、そのためにウンソンを排除しようとしているのである。「スンミのため」と悪辣さを増してゆく母親に「もうやめて」と泣くスンミの姿は、このドラマでもっとも切ない。

脚本が何より上手い。もちろん、ネタバレゆえにここに書いていない秘密もある。ドラマはそうした秘密を視聴者のみに伝え、あと一歩！というところで登場人物には気づかせず、視聴者を引っ張り続ける。ニアミスとすれ違いに、思わず「ああっ！」と声を上げてしまう場面もあるに違いない。全30話の週末ドラマだが、長さはまったく感じない。サスペンスとラブライン、笑いと泣きで中だるみもなく、観終わった後もスッキリ爽快だ。ちなみに、ドラマに出てくる外食産業「チンソン」は、実在のチェーン店「神仙ソルロンタン」が舞台になっている。食べたくなること請け合いである。

製パン王キム・タック

제빵왕 김탁구

１９７０～80年代を舞台に、製パン業で成功してゆく主人公を描いて大ヒットした本作。その面白さをイメージするなら、最近の話題作『Ｍｉｎｅ』と大ヒット時代劇『宮廷女官チャングムの誓い』の面白さを足した（でも2では割らない）感じだ。つまり、「セレブリティの相続をめぐるドロドロ陰謀劇」と「ふたりの跡取り候補による食べ物系修行と競い合い」である。舞台は製パンで財を成した「コソン食品」で、主人公のキム・タックはその会長の婚外子である。

　冒頭7話までは、一代で財を成した「コソン食品」の相続をめぐる、これでもかのドロドロ陰謀がスピーディに展開する。会長ク・イルチュン（チョン・グァンリョル、『魔女の法廷』）の子どもを身ごもったタックの母は、正妻インスク（チョン・インファ、『インス大妃』）からの危害を恐れ、密かに出産し会長家を出る。だが韓国ドラマお約束の運命の引き寄せで、小学生になったタックは会長と出会い、母と離れ会長宅に同居しはじめる。パンづくりに必要な鋭い嗅覚という、自分と同じ才能を持つ長男タックに会長は入れ込んでゆく。

一方、タックのライバルは、その後に正妻が産んだ息子マジュンだが、実は父親が会長ではない。子どもがないことを姑に叱責され、思い余ったインスクがハン秘書室長（チョン・ソンモ、『善徳女王』）と関係してできた子どもである。タックの再登場で危機感を覚えたふたりは陰謀を発動し、タックの母を亡き者にするために拉致。タックは母と拉致の実行犯「風車の入れ墨の男」を探して放浪の旅に出る。

てんこ盛りのジェットコースターが突っ走るオープニングはそれだけで面白いのだが、ここまでメインキャストはすべて子役なのだ。頭にスターを出さずに視聴率を上げたのは、この子役3人がみごとな演技を見せたからである。タックは素朴でおおらか、まっすぐで生命力に溢れ、マジュンはこれ以上ないほどに意地悪で憎らしい。青年期のふたりが奪いあうことになる貧乏娘ユジョンは、復讐に転じる後の人生を暗示する影と劣等感を漂わせ、彼女の人生でタックが「唯一の太陽」であることも伝わってくる。彼女は『チャングム』の子ども時代も演じているが、あのネジの外れたヒロインと同一人物とは思えない。韓国ドラマの子役には本当に唸らされる。

12年後、タック（ユン・シユン、『緑豆の花』）とマジュン（チュウォン、『グッド・ドクター』）のふたりは、会長の師匠で伝説のパン職人パルボンのもとで修行を始める。ここからは一転、ふたりの修行と競い合いが始まる。マジュンは知識と理論に裏付けされたエリート秀才だ。対するタックには天才的な嗅覚はあるが、知識も理論もない。そんな人間の弟子入りを認められない職人たちはタックをしごきまくるのだが、タックはおそらく孤独な人生の数少ない武器だったガッツと愛嬌でこれを乗り越える。しごきに「くっそー！」とは思っても感情的にぜんぜんメゲず、独特の愛嬌で反応するので、意地悪している側がつい笑ってしまうのだ。

面白いのは、マジュンまでもがタックを嫌えなくなっていくことだ。あまりに仲の悪いふたりに業を煮やしたパルボン師匠が、「紐を解いた者は作業場への出入り禁止」という条件で、ふたりの手首を3日間紐で結びつけるエピソードがいい。トイレも風呂も自分の都合だけではできない状況で、なんとなく絆ができはじめたころ、訪れたあるピンチで、タックはマジュンを守るためにみずから紐を解く。タックは常に自己犠牲的で、周囲をまったく恨まない。そういうタックを守るために、ベーカリーの職人たちがひとつになってゆく。これがパルボン師匠の認定書をめぐる試験の課題――「この世でもっとも腹を満たすパン」につながっていくのもいい。パルボン師匠は、人としての道を教えようとしているのだ。歳なりに十分すれた私でも、パンのふわふわ

제빵왕 김탁구

は作り手の愛と優しさなんだな……とうっかり思ってしまう展開である。

だがドラマは、この温かな感動の後に、本格的なドロドロ、大企業内の権力争いに入っていく。このドラマが上手いなあと思うのは、ここまでで視聴者はもはやマジュンを憎めなくなっていることだ。これから始まる最後のドロドロ劇で、マジュン（そしてユジョン）がどんな悪いことをしても、可哀想にしか思えない。

そもそもマジュンほど、大人たちの身勝手に翻弄された人生を歩んでいる登場人物はいない。父もパルボン師匠も、幼いころから好きなユジョンも、みんな自分よりタックを選ぶのだ。もちろん「だからってそういうことを……」と思う行動は無数にある。だが、「まるっきりいい人」みたいに出てきてタックとマジュンを「父の愛」で翻弄する会長、姑に妻をいじめるままにさせた会長、正妻が産んだ優秀な長女にぜんぜん後を継がせる気がない会長、婚外子を平気でつくる会長、あなたが一番悪いんじゃないの——とまあ、こんなふうに本気で語りたくなるほどドラマは面白いってことである。

魅力はなんといっても、主演のユン・シユンの太陽みたいな明るさだ。ドラマに出てくるあらゆるドロドロが、彼の笑顔によってすべて浄化される。このドラマでユン・シユン以上にブレイクしたチュウォン、さらに若き日の大物俳優パク・ソンウン（『ライフ・オン・マーズ』）が秘密を抱えた先輩職人ジングを演じているのも見逃せない。

推奴 ~チュノ~

추노

『推奴~チュノ』は韓国の時代劇のイメージを完全に変えたドラマだ。それまでの時代劇は実在の偉人——王、将軍、大商人、王妃などを主人公にした歴史ベースが普通だった。だが『推奴~チュノ』で躍動するのは、権力機構からはじき出された者たち、庶民、人間以下の扱いしかされない賤民たちだ。時代劇特有の「重々しい衣装、風格ある大物俳優、独特の殺陣《たて》とセリフ回し」という要素ともほぼ無縁だ。もしかしたら、時代劇というより「アクション活劇」と言うほうが正しいかもしれない。主演のチャン・ヒョク(『ボイス~112の奇跡』)はブルース・リーが開祖である「ジークンドー」の有段者で、韓国ドラマではアクションの代名詞のような俳優だ。演じるテギルは、役所などの依頼で逃亡した奴隷を追う「推奴師《チュノ》」である。

ドラマの魅力のひとつは美しい映像だ。当時の宣伝文句でよく言われたのは「韓国ドラマ初の映画用カメラで撮影された作品、HD1200万画素」という言葉で、正直、数値には詳しくないのだが、作品を見ればそれまでのドラマと比べて格段に美しいのは明白だ。そうしたこだわりが何のためかといえば、もちろんカッコいい、そしてガチなアクションを余すところなく撮るためである。

作品は全体として追いつ追われつの逃亡劇で、どこか西部劇にも似ている。テギルのチームが追う賞金首は、官奴婢（役所で働く奴婢）のテハ（オ・ジホ、『僕の妻はスーパーウーマン』）だ。彼はただの奴婢ではない。権力闘争の中で不審死を遂げた世子の側近で、濡れ衣によって奴婢に貶められた元将軍である。逃亡の目的は世子の「遺言」の実現だが、それを阻止するための刺客も彼を追っている。

運命のふたり、テギルとテハの最初の対決がシビれる。背丈ほどのススキ野原を馬で駆けるテギルが馬上で刀を抜き、テハは刃こぼれしまくりの大刀を構えて待ち受ける。一撃を浴びて馬から転げ落ちたテギルと、距離をとって睨みあうテハ。相手の力量を知り不敵な笑みを浮かべたテギルが刀を居合いに構え直すのは、接近戦に切り替えたからだろう。そして始まる激突。テハが大きな身体で操る大刀の迫力を、野生動物のような躍動でかわすテギル、そのコントラストもいい。

一話に一度はかならずこうしたアクションシーンがある。武器もさまざまだし、馬上の戦いや肉弾戦、火縄銃の凄腕ハンターもあらわれ、BGMは従来の時代劇ならありえないラップである。リアルに汗だくになる登場人物たちの肉体もすごい。ノースタントで挑むチャン・ヒョク、テギルの仲間のハン・ジョンス（『検事プリンセス』）、キム・ジソク（『椿の花咲く頃』）はもちろん、テハ役のオ・ジホの身体がここまでカッコよく引き締まっているのは後にも先にも見たことがない。おそらく秋口に撮影した前半では、その身体を意識して見せ（まくって）、「チムスンドル（獣男）」「チョコレート腹筋」という流行語も生まれた。このドラマ以降、男性の筋肉美が韓国ドラマの定番となったのは、40％超えというものすごい視聴率をとったからである。

だが、ドラマが強烈に視聴者の胸に刺さったのは、地獄のような初恋に囚われたテギルの悲しみがあったからだろう。その相手のオンニョン（イ・ダヘ、『マイガール』）は、かつて両班《ヤンバン》（貴族）だったテギル家の奴婢だ。テギルは身分を超えて一緒になるつもりでいたが、妹が慰み者にされるのを嫌った兄は、テギルの父を殺して屋敷に火をつける。すべてを失ったテギルは推奴師となり、愛しているのか殺したいのかわからぬまま、逃げたオンニョンを捜し続けているのだ。このオンニョンがテハと出会ってしまうことから、運命の歯車が回りはじめる。

三白眼で敵を睨み不敵な笑いを浮かべるテギルは、泣く子も黙る凄腕の悪名高い推奴師だ。それがオンニョンの名前を聞いただけで総崩れになる。彼とさまざまな因縁を抱える下賤な連中と同様に、視聴者もその純愛の哀れを知るがゆえに、テギルを決して嫌いになれない。韓国では「情熱チャン・ヒョク」と呼ばれ「熱演系」と思われがちなチャン・ヒョクだが、すべてを熱演してしまう大根役者とは違う。感情の沸点をどこまでも高く表現できるだけだ。それが、とくにテレビにおいては視聴者のハートをガッチリと掴み、ドラマティックの大波へと引きずり込む。涙目で偽悪的にふるまうテギルには泣かされずにはいられない。そして、これこそが韓国の時代劇における視聴率男チャン・ヒョクの強さなのだ。

さて、ここまでしれっと書いてしまったが、最後に李氏朝鮮における階級にふれておきたい。職業などにより細かくいろいろとあるのだが、究極にざっくりと分けると「両班（貴族）」「中人&常人（平民）」「奴婢（賤民）」の三階級がある。奴婢は両班の財産として売り買いされる奴隷で、人間扱いはされない。このドラマの舞台である朝鮮中期は、李氏朝鮮の王の中でももっとも無能な16代・仁祖《インジョ》のおかげで国が乱れ、家や田畑を失って奴婢に落ちる平民が続出し、同時に「身分を買う」者も多かったという。身分制度の無意味さ、理不尽が浮き彫りになるが、それでも多くの登場人物の心は身分制度から自由になれない。「世の中にしがみつくやつは、みな奴婢だ」。自由なテギルのそんな言葉も心に残る。

10章

100万人が泣けて笑える、お茶の間にぴったりの

KBS週末ドラマ

日本でブームになっている韓国ドラマは、週２回平日に放送される「ミニシリーズ」と呼ばれるものだ。だが日本同様に、韓国にもさまざまなドラマ枠がある。片っ端から観ていて、私が「これ面白い！」と思うと「KBSの週末ドラマ」であることがけっこう多い。たんに私の趣味の問題ではあるのだが。

KBSは地上波の放送局のひとつだ。70年代までは国営で「韓国のNHK」と形容されることが多いが、KBSは公共放送でなく公営放送で、電気料金に加算される受信料と広告収入の両方から成り立っている。公共放送ほどお堅くはないが、ケーブルテレビほど好き放題にはやれない――その塩梅がホームドラマにちょうどいいのかもしれない。尖りすぎたキャラクターや常識をぶっこわす展開、残酷描写や極悪人が出てこず、いまの社会を盛り込みつつもベタに笑わせ、泣かせてくれるお茶の間的な安心感が抜群なのだ。ここに挙げた作品の他にも『烏鵲橋《オジャッキョ》の兄弟たち』『ソル薬局の息子たち』『黄金の私の人生』『一度行ってきました』などもおすすめだ。

棚ぼたのあなた

넝쿨째 굴러온 당신

『愛の不時着』の脚本を手掛けたパク・ジウンは私のお気に入りの作家だ。何が好きって、どのドラマにおいても、従来の型にとらわれないリアルな女性をユーモアを交えて描き、それを肯定する男性を描いてくれるからだ。その彼女が人気を不動のものにしたのが、キム・ナムジュ（『ミスティ〜愛の真実』）主演の3本のドラマ。本作はその3本目で、ミニシリーズでない唯一の作品だ。

ナムジュ演じるユニは第一線で活躍するTVドラマのPD。仕事に理解のある優しい夫グィナム（ユ・ジュンサン、『悪霊狩猟団：カウンターズ』）はアメリカ育ちのエリート医師。彼は韓国で生まれたのだが、幼いころに海外養子に出された人物だ。韓国では孤児との結婚を嫌がる人も多いが、ユニは「嫁姑問題の苦労を味わわずに済む」とあっけらかんと考えている。エリートと結婚したら、そんな幸福が「棚ぼた」でついてきたというわけだ。ところが、夫の実の親が見つかってしまう。なんと新しく借りた部屋の大家さん一家が、彼の実家だったのである。

親子の事実を知った後、グィナムと母チョンエ（ユン・ヨジョン、『ディア・マイ・フレンズ』）が初めて親子として対面するシーンは涙なしには見られない。笑っちゃうのは、ここまでのあいだにユニとチョンエがしこたまケンカしまくり、互いを気に食わないと思っていることだ。現代的なキャリアウーマンは、古典的な韓国の大姑（祖母までいた！）&姑が良かれと思って言う「自宅に自由に出入り」とか「毎朝食を一緒に」とかに翻弄されまくる。このドラマが（おそらく既婚女性からの）絶大な人気を得たのは、こうした場面でグィナムがきっちりと妻の肩を持つからだ。何しろ、その理想の夫ぶりはすごい。常に穏やかで明るく優しく、自分の面倒はもちろん妻の面倒も見て、母親が裏で妻をいじめないよう穏やかに諭し、自分の仕切りで仲直りのサプライズイベントまで企画する。演じるユ・ジュンサンは、ドラマ終了後には「国民の夫」と呼ばれた。

だがそうした理想の夫でも、なかなかに解決できない大きな問題が「子ども」である。ユニとグィナムは結婚当初から「子どもを持たない」と決めている。ユニは仕事が好きだし、いまの職場でもし妊娠すれば退職に追い込まれるのは目に見えている。だが、グィナムの母や祖母には、結婚しても子どもはいらないという発想がないし、ことに長男の嫁が子どもを産まないなんてまったく理解できない。ユニは、義母たちのその気持ちを平気で踏みにじれるような自分勝手な女性ではない。グィナムがようやく見つけた家族と一緒にいられるよう、予定していた夫婦でのアメリカ留学を取りやめるような妻なのだ。だからこそ、この問題もどうすべきか迷う。ドラマの脚本が秀逸なのは、その話をグィナムの生い立ちに絡めたサスペンスにしていることだ。両親は息子を里子に出してはいない。グィナムは迷子になった末に保護され、海外養子になったのである。であるなら、彼はなぜ行方不明になったのか?

韓国の海外養子について少しふれておきたい。韓国の海外養子縁組は世界最多で、これまでに約20万人の子どもが海外に出されており、欧米から「孤児輸出国」と皮肉られた時代もある。とくに激増したのは、このドラマのグィナムが海外養子に出された80～90年代で、産業化と都市化のなかで未婚の母が増えたことや、人口抑制を意図した移民政策（養子縁組の全面開放）などの理由があったようだ。海外養子は他のドラマの中にも描かれている。グィナムのような恵まれた人間だけでなく、居場所を失いホームレスのように生きる『ごめん、愛してる』の主人公や、『ムーブ・トゥ・ヘブン：私は遺品整理士です』に登場する、実親を探して訪韓し客死した青年のエピソードなど、苦難の人生やアイデンティティの不安を強いられた子どもたちも少なくはなかったはずだ。

さらに言うなら、女性の生き方や家族の多様なあり方の否定、血縁主義への強いこだわりにも関係しているように思う。つまり、伝統的な家族の形を重んじるがゆえに、婚外子やその母親が蔑まれ、血縁主義へのこだわりによって「産みたくない女性」や「産めない女性」が貶められてしまう（もちろんこれは韓国に限らず、日本にもあることだろう）。本作品の良さは、従来のそうした価値観も決して否定はせず、だがそれによって傷つく人間がいることを示しながら、他の選択を描いていることなのだ。

さておき、グィナムはなぜ行方不明になったのか？　このサスペンスが、張りめぐらされた伏線により二転三転し、ドラマをラストまで引っ張っていく。合間を笑いで埋めるのは週末ドラマのお約束、主人公の兄弟姉妹の恋愛だ。とくに、離婚して実家に戻ってきたグィナムの姉の恋──かつて大ファンだったアイドルが落ちぶれて屋上部屋の店子に……とか、ありえねー！と言いつつも笑っちゃう展開が最高である。ユニに対してことごとく高飛車だった末妹が、ある事情から豹変するのも可笑しい。そしてたどり着いた大団円の感動には、拍手喝采を送りたくなるだろう。

ちなみに、同作家によるキム・ナムジュ主演の他の2作品『僕の妻はスーパーウーマン』『逆転の女王』も同じように楽しい作品だ。ぜひご覧いただけたらと思う。

家族なのにどうして
～ボクらの恋日記～

李氏朝鮮以来、韓国の倫理観を支えるのは儒教で、「親孝行」はその基本概念のひとつだ。日本人の私が「いくら親でも、こんな飲んだくれの父親は捨てちゃっていいのでは」とか思う場面で、それができずに登場人物が苦しむのは、視聴者が「いくら飲んだくれでも、親を捨てるなんて」と考えるからだろう。そういうわけで、韓国のホームドラマでは日本人の私たちには「えっ⁉」と思うようなことも起こる。そのひとつが、本作で描かれる「親不孝裁判」だ。親不孝を理由に親が子どもを訴えるのである。

ドラマの舞台は、下町の小さな豆腐店。妻と死別した店主のチャ・スンボンは、豆腐を売って3人の

가족끼리 왜 이래

子どもを懸命に育てた子煩悩な父親だ。子どもは頼もしく育つ。長女ガンシムは一流企業ＧＫグループに勤めるアラフォーのキャリアウーマンだし、長男ガンジェは将来有望な外科医である。唯一の心配の種は末っ子のダルボンで、25歳のいまも就職が決まらずプープーしながら暮らしている。週末ドラマのひとつのパターンとして、物語は基本的にこの３人の子どもたちそれぞれの恋愛と結婚を描いてゆく。

独身主義者の長女ガンシムの恋の相手は、秘書として仕えるＧＫグループ会長の息子で、仕事はできるが「みみっちくて偏屈」と評判の常務テジュだ。韓国人なのに独りメシしかしない、社交がまったくできない息子を「変えてほしい」と会長に頼まれたガンシムは、「１週間以内に「君が必要だ」と言わせてみせる」とテジュに宣言、それを聞いたテジュは「できなかったら会社を去ってもらう！」とケンカ上等。「コイツなんか絶対に好きにならない！」という出会いから恋に落ちる、ラブコメ黄金パターンの爆笑カップルだ。

末っ子ダルボンの恋は「幼いころの初恋」である。相手は、12年前に川で溺れていたダルボンを助けてくれた田舎娘ソウル。そのときにした「大人になったら結婚しよう」という約束を果たすために上京したソウルは、押しかけ女房的にチャ家に転がり込む。だがその相手は、ダルボンの名前を騙ったかつての親友ウノだった。明るく楽しく気立てのいいソウルを、真相を言えぬままダルボンは好きになってしまう。ここに、ずっと没交渉だったウノがモテモテのイケメン実業家としてあらわれる。

嘘もついてるし、王子様でもないダルボンが、分が悪い恋愛をどうひっくり返すのかも見どころだ。

さて、こうしたラブコメ的な展開の裏で「ある事態」が徐々に徐々に進んでいく。その中心を担うのが長男ガンジェである。エリート医師の世界でのし上がるためのカネもコネもない自分の家を恥じているガンジェは、父に何の相談もなく、病院長の娘婿になることを決めてしまう。底がパカパカ開いた靴を何十年も履きながら子どもを育てた父親は、これにも「仕方ない」と堪えるのだが、婚家のギラギラな義母にそそのかされたガンジェに、豆腐屋の地所の生前贈与を迫られついにキレる。子どもたちを相手に、成人以降にかかった全生活費の返却請求訴訟を起こすのだ。このあたりからドラマは、さらに加速度的に面白くなる。身勝手な子どもたちにおろそかに扱われながら心で泣いてきた父親から一転、「お父さん、引いたらアカン！」という展開は、トイレすっぽんで一気に詰まりが流れていくようなカタルシスである。

ドラマが放送された２０１４年には、「親不孝裁判」は２００件以上も起こったらしい。主に富裕層において、相続の際に「遺産を残す代わりに親と同居」「親を施設に入れたら遺産を返却」といった「親孝行契約」を交わす人もいるという（「条件付き贈与」として法的な効力がある）。実際にも、「儒教の「孝」の精神はどこへ行ったんじゃ……」と思っている親世代は、お金持ちならずとも多いのかもしれない。

もちろん、父スンボンがそうまでしたことには理由があり、そこがこのドラマ最大の泣かせのポイントだ。私には経験はないが、子育ては恐ろしく金がかかる。大人になってから知ったが、わが家でも学費のシーズンになるたびに、母親は定期預金を泣く泣く解約していたらしい。そんなことを知りもしない子どもたちは「○○ちゃんちは夏休み海外旅行に行くのにー」とかほざいたりするわけだが、夏休みに家族で旅行に行けば、国内だってお父さんのボーナスは全額吹っ飛ぶこともあるだろう。フリーランスの私にはボーナスはないが、たとえば1か月分のギャラ全額を私以外の誰かが使っちゃうなんて想像しただけでつらすぎる。打ちひしがれる。それを何の抵抗もなくでき、それでなお「貧しい親父が俺の将来に何をしてくれるんだ」と責められシュンとするお父さんを見て、「お父さんごめんなさい――！」と私が土下座したくなった。だが、この号泣の末にたどり着いたラスト、なんだかすごいお祭り騒ぎの最終回に、私はさらに驚いた。まさにKBSの安心感。いやだが、これこそがリアルと言えなくもない。

意地っ張りのガンシム＆変人テジュの爆笑カップルは、トップ俳優のキム・ヒョンジュ（『ウォッチャー～不正捜査官たちの真実』）と時代劇のカリスマ、キム・サンギョン（『王になった男』）。三角関係のダルボン＆ソウル＆ウノは、パク・ヒョンシク（『SUITS／スーツ～運命の選択』）＆ナム・ジヒョン（『100日の郎君様』）＆ソ・ガンジュン（『ウォッチャー』）で、3人はここから連続ドラマの主役級のスターになった。いま考えれば恐ろしいほどの豪華メンバーである。他のドラマでファンになった人は、ぜひこちらもチェックしてみてほしい。

適齢期惑々ロマンス

～お父さんが変!?～

아빠가 이상해

ホームドラマにおいては、若いスターが主役のようで、実質的には両親世代が主役という作品が多い。この作品は完全にお父さんが主役である。主演のキム・ヨンチョル（『ＩＲＩＳ―アイリス』）は、大河ドラマや歴史時代劇で重厚な偉人やラスボス的な悪役を演じてきた大俳優で、まさかこの人に泣かされるとは思わなかった。底抜けに優しいお父さんの名前はピョン・ハンス。タイトルは「ピョン」の音が「変」とかかったダジャレである。

ハンスはソウル近郊の町で小さな食堂を営むお父さんだ。妻ヨンシル（キム・ヘスク）と一男三女と暮らしている。一家は典型的なかかあ天下で、家を仕切るのはシャキシャキしたヨンシル。優しく穏やかなハンスは、他人と決してことを構えず、子どもたちにもめっぽう甘い。そのせいか、子どもたちは皆ちょっと頼りない。長男のジュニョン（ミン・ジヌン、『誰も知らない』）は5年目の公務員試験浪人中で、次女ミヨン（チョン・ソミン、『空から降る一億の星』）は求職中のプータロー、ヨガ講師の三女ラヨン（ファヨン、『マッド・ドッグ〜失われた愛を求めて』）は全収入をファッションに注ぎ込んでしまう。頼りになるのは凄腕弁護士である長女ヘヨン（イ・ユリ、『最強配達人〜夢みるカップル』）のみだ。

ドラマには『棚ぼたのあなた』や『家族なのにどうして』のような特別な切り口やテーマはない。見どころは役者の魅力と力量だ。親世代では、ハンスの妻ヨンシル役のキム・ヘスクと、彼女とバチバチの対決を繰り広げる金持ちの奥様ボクニョ役のソン・オクスク（『ベートーベン・ウィルス〜愛と情熱のシンフォニー』）がすごい。とくにボクニョは強烈だ。

夫婦とボクニョは、店子とビルの新しいオーナーという関係で出会い、まずは店賃の値上げをめぐって一戦交える。ボクニョは金持ちだけどセコいお金大好き人間で、世間知らずで子どもっぽく、貧乏人は使用人くらいに思っている上から目線の自己中奥様――つまり絶対にかかわりたくないタイプだ。ところが一戦交えた後に、ふたりは自慢の娘ヘヨンと大事な一人息子ジョンファンが恋人どうしであることを知る。バトルがヒートアップするのはボクニョの傍若無人ゆえだが、つい笑ってしまうのは、彼女が同時に、アホかと思うほど薄っぺらく浅はかで能天気だからだ。余談だが、このコンビは『冬のソナタ』でも主役ふたりの母親役で、ソン・オクスクはここでも息子チュンサン（ペ・ヨンジュン）の恋路に立ちはだかっている。それもめちゃくちゃはた迷惑な方法で。この人抜きで『冬ソナ』は名作たりえなかっただろう。

娘たちの中でドラマを圧倒的に跳ねさせるのは、長女ヘヨンを演じるイ・ユリ（『かくれんぼ』）だ。ドロドロ復讐劇など「マクチャンの女王」である彼女が女王たる所以は、あらゆる振り切った表現をものともしない度胸の良さにある。週末ドラマの常連俳優リュ・スヨン（『TWO WEEKS』）演じる恋人ジョンファンとのコンビは最強で、ビジュアルも美しい上に、笑うところはノリノリで笑わせ、ままならない恋の行方ではシリアスに泣かせる。

すったもんだでこぎつけたふたりの結婚生活が、これまた最高である。実はふたりは大学時代に一度、ボクニョに別れさせられている。ジョンファンに内緒でヘヨンを呼び出し、「身分をわきまえろ」と詰め寄ったのだ。だが、8年を経て百戦錬磨の最強弁護士となったヘヨンは、完璧な「ボクニョ対策」を練っている。それが、1年間は婚姻届を出さない「インターン結婚」と、同居生活に関する事細かな契約書である。かつての成功体験からヘヨンを舐めくさり、「いいわいいわ」で判を押したボクニョは、それによってジワジワと締め上げられてゆくのである。前半の悪役ぶりは、爆笑込みのカタルシスとして後半にすべて回収される。めちゃめちゃ痛快だ。

最後はもちろん、主人公ハンスを演じるキム・ヨンチョルと、突如あらわれた彼の「息子」ジユンヒを演じるイ・ジュン（『静かなる海』）である。ジュンヒの登場がもたらすのは、ドラマ最大のサスペンス——実はお父さんは「本物のハンス」ではなく、ある事情からハンスに成り代わって生きているという事実だ。子どもたちにすらひた隠しにしてきた秘密は大ピンチを迎えるが、お父さんは「父親に捨てられた」という思いを抱えながら生きてきたジュンヒの不憫を見過ごすことができない。反対する家族をなだめ、危険を承知でジュンヒを家族に迎え入れるのだ。

ふたりが不器用に築いていく父子関係がいい。父親を知らないジュンヒが求める、どこか子どもじみた願いを、ハンスは何も言わずすべて叶えてやる。ジュンヒは「アイドル出身の大根役者」なのだが、ハンスからの無条件の愛情を受けて変化してゆく。虚勢を張ったクールなスターから、自分の気持ちを素直にさらけ出し、役者としても人間としても成長し、家族の一員になってゆくのだ。ドラマ後半の最大のラブラインは、この父子関係と言ってもいい。

脚本の抜群の上手さは、このジュンヒが次女ミヨンに恋してしまうこと。ふたりは自分たちを兄妹と思っている。すべての状況を飲み込んでピンチを切り抜けたはずのお父さんは、ふたりの幸せのためにふたたび葛藤することになる。

長男と三女とそれぞれの恋人のラブラインも面白てんこ盛りだ。だが私の一番のお気に入りはイ・ジュンとチョン・ソミンのカップルだ。本当にかわいくて見ているだけで幸せになれる。ふたりが実生活でも恋愛関係になったことも話題を呼んだ。

韓ドラこぼれ話

サウナの楽しみ方

『家族なのにどうして』で、同居する父親から「親不孝訴訟」を起こされた姉弟が、頭にきて衝動的に家出する場面がある。行った先はサウナ（チムジルパン）だ。韓国のサウナは、施設としては日本の「スーパー銭湯」に近い。銭湯にプラス数百円でサウナが利用できるシステムだ。韓国のサウナは50～70℃の低温サウナで、用意されたウェア（汗が気にならない！）のまま入る。サウナの外にはたいていは自由に過ごせる広間があり、みなサウナで汗をかいて、ここでクールダウン（というかゴロゴロする）、またサウナへ……というのをくりかえす。

土日にはデートのカップルや家族連れで賑わっている。ドラマの姉弟のようにタオルで「ヤンモリ（羊の頭）」をして、サウナにかならずある燻製卵を食べたり、冷えたシッケ（甘酒のような飲みもの）を飲んだりしながらワイワイと一日を過ごす。もちろん、ドラマのように宿泊する人もいる。「２泊３日の韓国旅行で、ホテルは取らず宿泊はサウナ」という若い人もいるらしい。男性がいるとリラックスできないという人には女性専用サウナもあり、そういう場所では「ヨモギ蒸し」とか「骨気《こるぎ》」といった韓国独特のエステメニューも充実している。ちなみに垢すりは、どんなサウナでもやってもらえる。担当するアジュンマは、まるで制服であるかのように黒パンツ＆黒ブラジャー姿が多い。

韓国のサウナのルーツは、炭を焼き終えた窯の中で職人たちが疲れを癒やしたことにあるらしい。同じ形のサウナはいまも「伝統サウナ」として残っており、こちらは「汗蒸幕《はんじゅんまく》」と呼ばれる。ドームのような窯の中に、麻布をかぶって入る超高温タイプだ。考案したのはハングルを作った世宗《セジョン》大王。偉大なるアイディアマンに、サウナ好きの私からもお礼を言いたい。

著者　渥美志保（あつみ　しほ）
ライター。カルチャー，人物インタビュー，コラムなどを中心に執筆，多くの媒体で連載を持つ。1990年代より釜山国際映画祭に通い続け，韓国カルチャーへの取材は，映画監督，俳優，アイドル，アーティスト，作家など幅広い。『冬のソナタ』に始まる韓国ドラマ歴は現在も更新中。現在はELLEデジタルにて「推しのイケメン，ハマる韓ドラ」好評連載中。

カバー・本文イラスト　もとき理川
装幀　宮川和夫
DTP　編集工房一生社

大人《おとな》もハマる！ 韓国《かんこく》ドラマ 推《お》しの50本《ぽん》

2021年12月15日　第1刷発行
定価はカバーに表示してあります

著　者　渥美志保
発行者　中川　進

〒113-0033　東京都文京区本郷2-27-16
発行所　株式会社　大月書店
印刷　三晃印刷
製本　中永製本
電話（代表）03-3813-4651　FAX 03-3813-4656　振替00130-7-16387
http://www.otsukishoten.co.jp/

ISBN978-4-272-61243-7　C0074　Printed in Japan